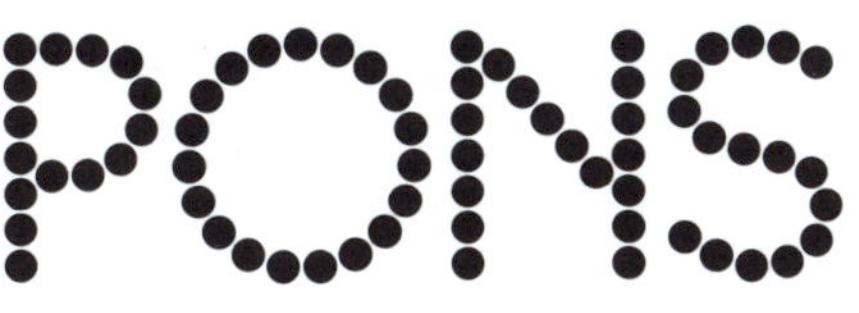

En route !

... und viele weitere Kurzgeschichten aus dem französischen Alltag

von

Romain Allais & Xavier Creff

PONS 10-Minuten-Lektüren FRANZÖSISCH
En route ! ... und viele weitere
Kurzgeschichten aus dem französischen Alltag

von
Romain Allais und Xavier Creff

Geschichten 1 – 8, 10, 12, 15: Xavier Creff
Geschichten 9, 11, 13, 15: Romain Allais

Alle Personen und Handlungen sind erfunden. Ähnlichkeiten mit lebenden oder verstorbenen Personen und tatsächlichen Begebenheiten wären rein zufällig.

7. Auflage 2025

Projektleitung: Canan Eulenberger-Özdamar
Redaktion: Fabienne Schmaus-Schreitmüller
Logoentwurf: Erwin Poell, Heidelberg
Logoüberarbeitung: Sabine Redlin, Ludwigsburg
Layout: Petra Michel, Essen
Satz: tebitron gmbh, Gerlingen
Druck: Multiprint Ltd., Kostinbrod

ISBN: 978-3-12-562276-0

Schenken
Sie diesem Vorwort
ein paar Minuten
Zeit!

Die Geschichten

Perfekt für 10 Minuten!
In diesem Buch finden Sie 15 kurze französische Geschichten, mit denen Sie wunderbar jede Pause, Wartezeit oder Busfahrt verkürzen können.

Mit locker-leichten Geschichten lernen Sie den **französischen Alltag** kennen und erweitern mühelos Ihren Französisch-Wortschatz zu grundlegenden Themen.

Lesefreundlich!
Worthilfen stehen direkt über dem Wort: **maison** (Haus). So können Sie weiterlesen, ganz ohne Blättern und Suchen im Wörterbuch. Manche Wörter sind **rot** markiert. Das sind Wörter, die in den **Mind-Maps** auftauchen. Dazu mehr auf der nächsten Seite!

Platz für Notizen
Der große Zeilenabstand bietet auch Raum für Ihre eigenen Eintragungen.

Die Mind-Maps

Das wird Ihr Gehirn lieben!
Unser Gehirn freut sich über Strukturen. Es sortiert Dinge gerne in Gruppen ein, da es sie sich so leichter merken kann.

Wortfelder statt Listen
Auch Wörter lassen sich in thematisch zusammenhängenden Gruppen viel einfacher lernen und merken als in umfangreichen Listen.

Natürlicher Gedankengang
Wenn Sie an einen Begriff denken, dann meistens nicht an diesen allein! In der Regel haben Sie, wie auf einer Gedanken-Landkarte (Mind-Map), verwandte Dinge vor Augen.

Deshalb finden Sie nach jeder Geschichte eine **Mind-Map**, die das zentrale Thema der Geschichte in Form von Vokabeln aufgreift und weiterführt. Hier begegnen Ihnen die rot markierten Wörter aus den Geschichten wieder und viele weitere. Sie sind thematisch gruppiert und liebevoll illustriert.

Viel Spaß & Erfolg beim Entdecken wünscht Ihnen die PONS-Redaktion

INHALT

L'île de Beauté

Après un voyage en train depuis Paris, Christophe, Damien et Louis sortent de la gare de Toulon pour prendre un taxi.

– Bonjour Messieurs, où allez-vous ? demande le chauffeur.

– À l'**embarcadère** (Anlegestelle) pour prendre le bateau, répond Damien.

Ils montent dans le véhicule et **engagent** (beginnen) la discussion.

– Vous partez pour la Corse, je suppose ? dit le chauffeur.

– Oui, nous allons faire le GR20, répond Louis.

– Disons qu'on va en faire une partie, **rectifie** (korrigiert) Christophe.

– Le GR20 est un des **sentiers** (Wege) de grande **randonnée** (Wanderung) les plus beaux d'Europe, mais aussi un des plus difficiles ! Et attention, les habitants **ont du caractère** (haben Charakter). Je sais de quoi je parle, mon beau-frère est Corse et ce n'est pas toujours facile pour ma sœur…

– De toute façon, nous ne verrons pas beaucoup les Corses dans la **montagne** (Gebirge), dit Damien avec un sourire.

– C'est sûr, mais vous verrez que l'île de Beauté porte bien son nom. La Corse est une île magnifique !

Les trois amis sortent du taxi. Après une heure pour s'enregistrer, ils **embarquent** (gehen an Bord) enfin sur le bateau.

Sur le ferry, le *Napoléon*, ils cherchent la cabine dans laquelle ils vont pouvoir se reposer un peu avant de commencer la marche en montagne.

– J'ai lu que Napoléon est un enfant d'Ajaccio et que ce bateau est un **hommage** (Würdigung) à son nom. Napoléon Bonaparte avait du caractère, le chauffeur du taxi doit sans doute avoir raison ! dit Christophe.

Un peu perdu dans les couloirs, Louis demande à un des hommes d'équipage :

– Excusez-moi, Monsieur, nous cherchons notre cabine. Pourriez-vous nous aider car nous sommes un peu perdus ?

– Vous n'avez pas de **GPS** (Navi) ? **plaisante** (scherzt) le garçon avec un accent corse. Vous devez juste aller de l'autre côté du bateau.

Dix minutes plus tard, les trois amis s'installent dans leur cabine pour un peu de **repos** (Ruhe), le temps de la **traversée** (Überquerung). Quand le bateau approche de l'île, ils sortent sur le pont avec leurs **sacs à dos** (Rucksäcke). La Corse se dessine peu à peu.

Damien s'exclame :

– Que c'est beau, vu de la mer !

– Oui, notre randonnée s'annonce superbe, les montagnes au loin ont de la neige au **sommet** (Gipfel). En route pour le petit train qui mène à Vizzavona ! ajoute Christophe.

– Mais, cette mer bleue, ça ne vous dit pas plutôt d'aller à la plage ? dit Louis en riant.

Le trio pose le pied sur l'île de Beauté. Calvi et sa citadelle **resplendissent** (strahlen) sous le soleil du matin.

Une fois dans le petit train, le *trinichellu*, ils regardent les **gorges** (Schluchten) étroites et la locomotive **gravit** (fährt hinauf) des **pentes vertigineuses** (schwindelerregende Abhänge).

– Vous faites ce trajet depuis longtemps ? demande Christophe au conducteur.

– Je conduis ce train depuis quinze ans. C'est un honneur pour moi de faire découvrir les paysages de la plus belle île du monde !

Ici, ce n'est pas la métropole, le train va au rythme de celui qui sait **admirer** (bewundern) mon île !

Le train arrive à Vizzavona, à neuf cents mètres d'**altitude** (Höhe), un petit village charmant aux maisons en pierre.

C'est le début de la **marche** (Wanderung). Pendant plusieurs jours, ils se lèvent tôt, marchent **au gré du** (je nach) **dénivelé** (Höhenunterschied) et des **descentes** (Abstiege) dangereuses. Ils suivent le **balisage** (Markierung) des sentiers où la **plaine** (Ebene) dévoile de jolies **prairies** (Wiesen), les lacs se dessinent au milieu des forêts de **pins** (Tannen), les chevaux sauvages courent dans une nature **préservée** (unberührt).

Après cinq jours de marche, ils **bivouaquent** (biwakieren) au **refuge** (Almhütte) de Tighjettu.

– Est-il possible de dîner, Monsieur ? demande Damien à l'**aubergiste** (Gastwirt).

– Monsieur ? Non, moi c'est Sergio et je suis là pour ça, mon grand ! Vous êtes étrangers, vous… Du continent ?

– Du continent ? Oui, enfin, de France quoi ! répond Louis avec surprise.

– Mais ici, tu n'es pas en France, tu es en Corse ! dit Sergio en riant. Vous allez goûter ma **charcuterie** (Wurst) corse, la *coppa* et le *lonzo*. Et ma spécialité, la **tartelette aux herbes** (Kräuterkuchen) des montagnes ! En dessert, vous aurez le *fiadone*, un **flan** (Pudding) parfumé au citron et au *brocciu*, notre fromage corse !

Après avoir bien mangé, les trois marcheurs se reposent.

Le lendemain, c'est l'étape la plus importante, le Cirque de la Solitude à près de deux mille mètres d'altitude. Christophe est nerveux, il **a le vertige** (hat Höhenangst).

– Ne t'inquiète pas, dit Damien. C'est vrai que certaines personnes y ont perdu la vie, mais nous sommes là !

– Merci, ça me rassure beaucoup ! répond Christophe, stressé.

– Je crois que nous y sommes, dit Louis. Le dénivelé est impressionnant ! Mais les **cordes** (Seile) sont là pour nous aider.

– Je sens que mes jambes sont faibles, se plaint Christophe.

– Ne regarde pas en bas mais vers le haut du sommet, là où nous devons aller, et tout ira bien ! le rassure Damien.

Malgré (Trotz) la peur de Christophe, les trois amis montent les **parois** (Felswände), avancent au dessus du **vide** (Abgrund) et arrivent au sommet.

Ils se prennent en photo pour garder un souvenir **inoubliable** (unvergesslich).

Les jours suivants sont plus faciles, les sentiers mènent au nord de l'île, la fin du GR20.

Le jour du départ, c'est le retour à l'embarcadère de Calvi.

Il y a beaucoup de monde et un homme crie :

- Ce n'est pas possible ! Encore en **grève** (Streik) ces Corses, et c'est nous qui devont en **assumer** (ertragen) les conséquences !

- Mince, nous allons devoir profiter du soleil encore quelques jours, dit Louis en souriant.

- Toi, tu dois être Corse pour penser comme ça ! lui répond l'homme **furieux** (wütend).

Louis s'énerve à son tour et lui dit :

- Mais c'est quoi ce cliché ! Vous croyez que pour la grève les Français de métropole sont vraiment différents des Corses ?

L'homme ne répond pas et monte dans sa voiture.

Damien dit alors à Louis :

- Et voilà, dix jours sur l'île de Beauté et Louis se prend pour Napoléon, c'est exactement ça le caractère corse !

les types de randonnées
Arten von Wanderungen

la randonnée subaquatique
Tauchgang

la randonnée en raquette
Schneeschuhwanderung

la randonnée équestre
Reitausflug

la randonnée à vélo
Radtour

la randonnée à ski
Tourenskiwanderung

les lieux
Orte

la montagne
Berg, Gebirge

la prairie
Wiese

la plaine
Ebene

le sentier
Weg, Wanderweg

le chemin
Weg

la campagne
Land

l'équipement pour la marche
Wanderausstattung

le coupe vent
winddichte Jacke

le bonnet
Mütze

le pantalon de marche
Wanderhose

les batons (m.)
Wanderstöcke

les chaussures (f.) de marche
Wanderschuhe

le sac à dos
Rucksack

la randonnée
Wanderung
l'orientation
Orientierung
la carte
(Wander-)Karte
l'altimètre (m.)
Höhenmesser
le GPS
Navi, GPS
le balisage
Markierung
les jumelles (f.)
Fernglas
l'altitude (f.)
Höhe
les termes spécifiques
Fachbegriffe
le dénivelé
Höhenunterschied
a pente
bhang, Hang
les courbes (f.) de niveau
Höhenlinien
la descente
Abstieg; Talfahrt

Quel chantier !

Il est dix-huit heures et c'est le grand jour pour Anne et Robin. Ils ont rendez-vous avec leur **notaire** (Notar) pour pouvoir **récupérer** ((hier:) holen) les clés de leur maison.

À la fin de l'**entrevue** (Gespräch), le notaire s'adresse au couple :

- Je vous félicite, vous êtes les heureux propriétaires de cette maison ! Vous avez encore des **travaux de gros œuvre** (Rohbauarbeiten) ?

- Oui, nous avons la maison sans pouvoir encore y habiter, **soupire** (seufzt) Anne.

- Nous avons organisé une journée de travaux avec nos amis. Dans un mois, nous y serons, **relativise** (relativiert) Robin.

- C'est une excellente idée et vous ne perdez pas de temps au moins ! Les travaux de **rénovation** (Renovierung) permettent de connaître mieux que personne sa maison. On apprend à faire autre chose en développant un sens pratique, c'est utile dans la vie !

Alors, je vous souhaite bon courage pour vos travaux, dit le notaire en quittant le couple.

Le samedi matin, le réveil sonne à sept heures.

- On se croirait en semaine comme si on devait aller travailler, se plaint Anne les yeux **gonflés de sommeil** (schlaftrunken).

- Mais là, c'est pour la bonne cause ! positive Robin.

Après le petit-déjeuner, ils se rendent à leur maison où ils ont donné rendez-vous à leurs amis.

À neuf heures débute la réunion de **chantier** (Baustelle).

- De vrais **pros** (Profis) ! les félicite Tom, un collègue de bureau d'Anne.

- Je vais faire le **maître d'œuvre** (Bauleiter), les amis ! dit Robin avec une grosse voix. Il faudrait **démolir** (abreißen) le mur de la cuisine qui **communique** (verbunden ist) avec le salon. Y a-t-il des volontaires ?

- Eh bien moi, dit Corentin. Vu que je ne sais rien faire, mes muscles de rugbyman vont me permettre de tenter quelques **placages** (Verkleidungen) contre la **cloison** (Zwischenwand) ! dit-t-il en riant.

- Est-ce que quelqu'un peut l'aider ? demande Anne.

- Moi, je veux bien. Je l'ai déjà fait, ajoute Tom.

- Parfait, merci les gars.

Robin note les deux prénoms sur sa liste de travaux.

Anne poursuit :

- Bon, moi, il ne me faut pas des **brutes** (Rohlinge), sourit-elle. J'ai besoin de vous pour les fenêtres et les **persiennes** (Fensterläden). Il faudra les **démonter** (abbauen), puis jouer de la **ponceuse** (Schleifmaschine) sur la **peinture** (Farbe). Comme ça, nous n'aurons plus qu'à trouver la bonne couleur pour les **peindre** ((an)streichen) !

- On s'en occupe, disent avec enthousiasme Claire et Marie.

Robin en **prend note** (schreibt auf) et poursuit :

- Je vais aussi avoir besoin de quelqu'un pour faire du **placo** (Gipsplatte). Avant, il me faudra de l'aide pour **enlever** (herausnehmen) la baignoire.

Soudain, Alain arrive, en retard.

- Coucou ! Je suis là, c'est pour moi, j'adore le placo et j'aurais pu être **plombier** (Klempner) dans une autre vie ! déclare-t-il en riant.

- Salut Alain ! Alors, c'est noté, tu seras avec moi !

Il ne reste plus que Karim et Benoît.

- Pour vous deux, il y a les **meubles** (Möbel) de la cuisine à démonter si ça vous dit ? demande Robin.

- C'est bon pour moi, dit Karim. Tu as pensé à **couper** (abschalten) l'eau ?

- Ah non, pourquoi ?

- Parce que si nous enlevons l'**évier** (Spüle) de la cuisine, nous risquons de prendre une douche !

- Mais oui, bien sûr, je n'y avais pas pensé ! dit Robin un peu **honteux** (beschämt) de son **amateurisme** (Stümperei).

Benoît ajoute :

- As-tu tous les **outils** (Werkzeug) ?

- Oui, ils sont déjà dans la cuisine ou dans les autres pièces avec le matériel nécessaire. J'ai essayé de bien faire les choses, ajoute Robin, fier de lui cette fois.

- Alors, c'est parti ! répond Benoît.

Tout le monde se met au travail. Vers treize heures, le moment du repas est venu et toute la bande d'amis se retrouve dans le jardin autour de la table. Les sandwichs disparaissent bientôt, **engloutis** (verschlungen) dans les bouches des travailleurs **affamés** (hungrig).

- Vos **hortensias** (Hortensien) sont magnifiques et avec les **bruyères** (Heidekraut) blanches, c'est **ravissant** (entzückend) ! commente Claire.

- Je savais que tu avais fait des études de sciences, mais de botanique aussi apparemment ? demande Anne.

- Oui, j'ai fait un séminaire pendant mon master et je me suis passionnée pour les fleurs de Bretagne. J'ai vu que vous avez aussi un **camélia** (Kamelie) rose, continue Claire.

Anne **précise** (erklärt genauer) :

- La personne qui nous a vendu la maison aimait beaucoup son jardin, et il fait partie de notre **coup de cœur** (Herzstück). Mais toutes ces **plantations** (Bepflanzungen), moi, je n'y connais rien ! Il va falloir que tu me dises ce que c'est pour que je puisse bien les **entretenir** (pflegen).

- Avec plaisir ! Je vais t'aider, dit Claire.

Pendant le café, Robin **fait le point** (zieht Bilanz) sur les travaux.

- Corentin et Tom, félicitations ! Vous êtes de vrais **destructeurs** (Zerstörer) et le mur est déjà un vieux souvenir. Pouvez-vous ramasser les **gravats** (Schutt) pour les mettre dans la **benne** (Container) qui est dans le jardin ?

- Tu peux compter sur nous, dit Tom une **pelle** (Schaufel) à la main.

Après un après-midi de travail puis le départ de leurs amis, le couple se retrouve seul dans la maison.

Anne semble **découragée** (entmutigt).

- Nous avons encore tellement de travaux à faire, dit-elle d'une petite voix. Et **tant que** (solange) nous n'avons pas commandé la cuisine, impossible d'y habiter.

Robin la rassure :

- Ça ne fait que deux jours que nous avons les clés et nous avons
vorangekommen Handwerker
bien **avancé**. Et puis, il va y avoir les **artisans** qui vont aller beaucoup plus vite que nous ! Dans un mois, nous y sommes !

Tor
Le **portail** du jardin s'ouvre et les parents d'Anne font le tour
Kuvert
du chantier. Sa mère leur donne une **pochette** et dit :

- Quand vous êtes passés chez nous la semaine dernière, vous avez oublié les plans et la documentation de la belle cuisine que vous rêviez d'avoir. Elle irait bien chez vous, dommage qu'elle soit trop chère...

- À qui le dis-tu ! soupire Anne.

Bestellschein
- Eh bien, en voici le **bon de commande** ! C'est notre cadeau pour l'achat de cette maison !

Anne se jette dans les bras de ses parents avec un grand sourire et Robin est ravi.

Un mois plus tard, la rénovation de la maison terminée, c'est une
Einweihung
grande fête de **crémaillère** qui réunit famille et amis.

la charpente
Dachstuhl
le système d'assainissement
Abwasserleitungen
les fondations (f.)
Fundament
les travaux de gros œuvre
Rohbauarbeiten
la toiture
Bedachung, Dach
la façade
Fassade
la rénovation d'une maison
Renovierung eines Hauses
le/la maître d'œuvre
Bauleiter(in)
l'architecte (m./f.)
Architekt(in)
le/la peintre
Maler(in)
les métiers
Berufe
le/la plombier
Klempner(in)
le maçon, la maçonne
Maurer(in)
l'électricien, l'électricienne
Elektriker(in)

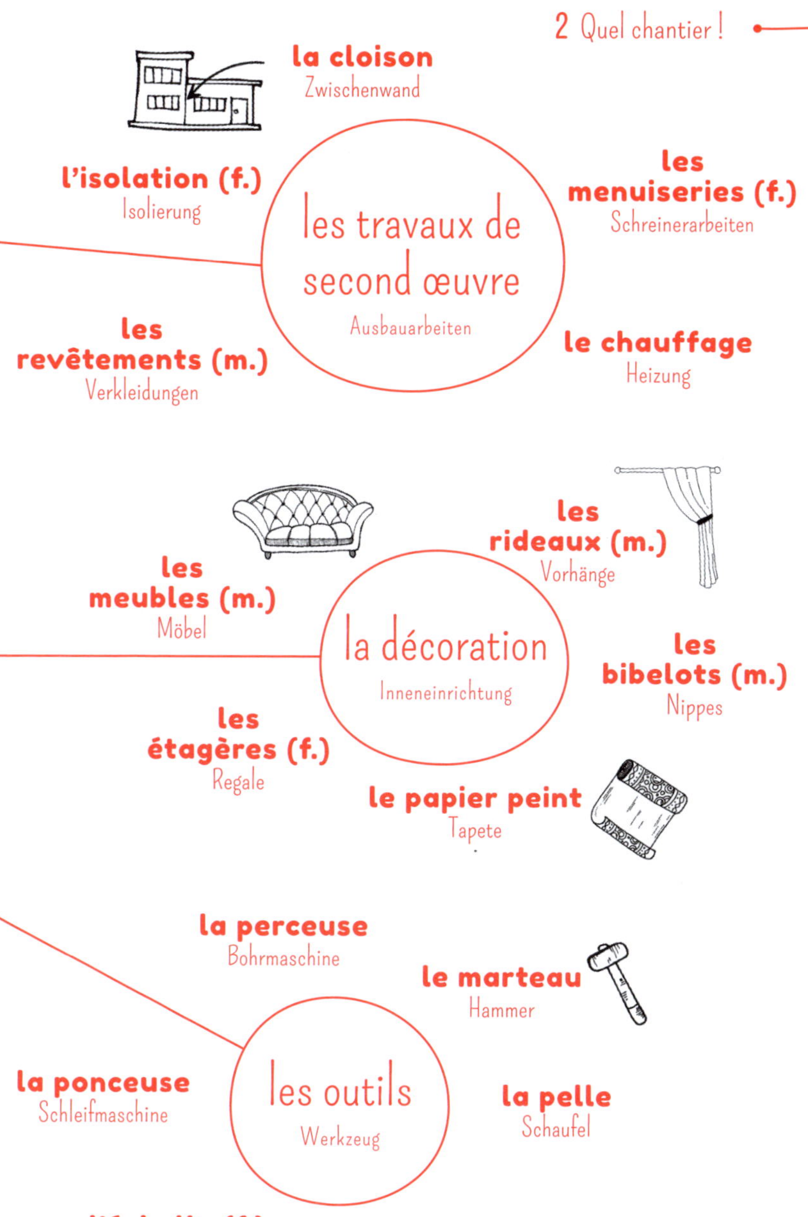

la cloison
Zwischenwand
l'isolation (f.)
Isolierung
les travaux de second œuvre
Ausbauarbeiten
les menuiseries (f.)
Schreinerarbeiten
les revêtements (m.)
Verkleidungen
le chauffage
Heizung
les rideaux (m.)
Vorhänge
les meubles (m.)
Möbel
la décoration
Inneneinrichtung
les bibelots (m.)
Nippes
les étagères (f.)
Regale
le papier peint
Tapete
la perceuse
Bohrmaschine
le marteau
Hammer
la ponceuse
Schleifmaschine
les outils
Werkzeug
la pelle
Schaufel
l'échelle (f.)
Leiter
le tournevis
Schraubenzieher

Un peintre à la campagne

Donato Rizzico est un artiste peintre **originaire** ((hier:) geboren) de Naples, en Italie. Ce soir, c'est le **vernissage** (Vernissage) de son **exposition** (Ausstellung) dans le petit village de Vivonne, près de Poitiers.

Peintre **de renom** (renommiert), les invités sont venus **admirer** (bewundern) ses **toiles** (Gemälde), mais aussi déguster **petits fours** (Häppchen) et boissons du cocktail.

- Monsieur Rizzico ?

Un jeune homme **interpelle** (spricht an) le peintre qui lui répond avec un accent italien :

- Oui ?

- Je me présente, je suis Gaston Poivre et j'admire votre travail depuis des années. Je voudrais vous poser une question.

- Je vous en prie, allez-y !

- Je ne serai pas long, je sais que votre temps est **précieux** (kostbar).

Vous avez **mis en avant** (hervorgehoben) la ville pendant des années dans

Malerei
votre **peinture**. Et maintenant, la campagne... Quel a été votre
Beweggründe
cheminement, si je ne suis pas trop indiscret ?

– Vous savez, j'ai quitté Naples il y a trente-cinq ans pour vivre à Paris. Depuis deux ans, j'ai quitté la capitale pour m'installer
folgt
près d'ici, à la campagne. Alors, ma peinture **suit** mon chemin, tout simplement.

Le peintre salue une connaissance et poursuit :

– Cette exposition représente les cinq dernières années de mon travail et c'est pour ça qu'il y a la ville et la campagne.

– Ah, très bien, je comprends mieux. Je vous remercie, dit
anstelle
l'homme, baissant la tête **en guise de** salutations.

Gäste
Le peintre marche au milieu des **convives** et entend une conversation entre deux femmes.

– Mais non, Audrey, tu ne peux pas dire ça, tu vois bien ici que le
schrecklich / Hupen
peintre a voulu montrer que la ville est **infernale** entre les **klax-**
unsoziales Verhalten
ons, la pollution, l'**incivilité** des gens...

– Mais pas du tout ! Il n'aurait pas peint avec autant de
Finesse / im Stil Haussmanns (Pariser Stadtplaner im 19. Jh.)
délicatesse les bâtiments **haussmanniens**. Regarde comme c'est beau. Et puis là, il y a ce parc au centre de la toile qui

montre bien que la campagne peut venir à la ville, argumente Audrey.

– Mais non, voyons. Et ces gros nuages, alors ? Il montre que la **fumée** (Rauch) nous **intoxique** (vergiftet) quand on est en ville.

Le peintre s'approche des deux femmes pour intervenir avec diplomatie :

– Excusez-moi, Mesdames ! Je me permets de vous interrompre car vous êtes proches de la vérité toutes les deux. J'ai peint cette **aquarelle** (Aquarell) en pensant à ma ville natale, Naples. J'**évoque** ((hier:) erinnere an) l'histoire des bâtiments parisiens, magnifiques, dans cette **fourmilière** (Ameisenbau) humaine qui ne cesse de **croître** (wachsen).

Audrey boit **d'un trait** (in einem Zug) sa coupe de champagne, **flattée** (geschmeichelt) que le peintre vienne **apaiser** (besänftigen) leur conversation.

Il poursuit :

– Le parc est cette **bouffée d'oxygène** (Schwall Sauerstoff) qui permet à la ville de respirer un petit peu.

– Ah, tu vois, dit Audrey qui **rebondit** ((hier:) reagiert) sur ces propos.

– J'ai vécu à Paris et malgré sa beauté, la circulation y est infernale, les **bouchons** (Staus) sont permanents et l'humanité y **laisse** (gibt Raum)

place à l'**indifférence** (Gleichgültigkeit)... explique-t-il.

– Je suis bien d'accord avec vous, ajoute Audrey. À Paris, mon frère devient fou, il a totalement changé depuis qu'il vit là-bas !

– Quand la ville prend une trop grande dimension, il est compliqué d'y vivre. Il faut être **en accord avec** (im Einklang mit) sa vie de quartier. C'est ce qui m'a toujours manqué, ma culture du sud de l'Italie, ma langue natale qui chante et le climat méditerranéen, conclut le peintre avec nostalgie.

Après un échange de quelques minutes, le peintre **s'éloigne** (geht fort). Le commissaire de la vente lui présente alors l'**acquéreur** (Käufer) d'un tableau qui **félicite** (spricht seine Anerkennung aus) l'artiste.

– Toute mon enfance est dans votre toile, Monsieur Rizzico, je vous remercie. Votre **composition** (Schöpfung) est **imprégnée** (geprägt) de l'**âme** (Seele) des campagnes, ajoute l'homme **ému** (berührt).

– Je vous remercie. Oui, les **bols d'air** (frische Luft) me font beaucoup de bien quand je pose mon **chevalet** (Staffelei) en pleine nature. Mais aussi la vie de village qui ressemble à ma vie de quartier quand j'étais en Italie, le bruit et l'**agitation** (Unruhe) en moins.

– Et l'**éloignement** (Entfernung) ne vous géne pas ? demande le commissaire de vente.

– Parfois si, bien sûr. Mais ma peinture est **plus apaisée** (ruhiger) et m'invite à chercher une autre inspiration.

Soudain, un journaliste s'approche :

– Je veux voir le peintre, dit-il d'un air arrogant.

– Je suis là en pleine conversation, y a-t-il un problème, Monsieur ?

– Non, aucun, je suis Stéphane Moulin, journaliste dans la revue Artaparis. Je suis assez surpris de voir que votre style a changé et que vous vous intéressez à la campagne, là où il n'y a rien à faire.

– Je vous **laisse** (überlasse) ces propos car il y a parfois beaucoup plus à faire qu'on ne le croit à la campagne. Les gens n'ont pas des **codes vestimentaires** (Kleidungsstil) identiques à ceux de la ville, parfois **superficiels** (oberflächlich)... Votre costume est très bien **taillé** (geschnitten), **ironise** (spöttelt) Donato.

Le journaliste fronce les sourcils et poursuit :

– Mais les personnages qui apparaissent dans vos toiles : quel manque d'élégance tout de même !

– **Détrompez-vous** (Da irren Sie sich) une nouvelle fois, je crois que l'élégance **correspond** (entspricht) à des codes sociaux qui **dépendent** (abhängen) de la culture de chacun. Qui est le plus honnête, l'homme en…

Tout à coup, ils sont interrompus à leur tour.

unterbricht
- Tu es là, toi ? **coupe** Audrey.

- Oh Audrey, je ne savais pas que tu étais ici, répond le journaliste un peu gêné.

verkleidest dich
- Tu **te déguises** en star de la mode maintenant ?

Le peintre intervient :

- Vous vous connaissez apparemment ?

- Oui, de loin, nous…

(hier:) ich spinne
- Non, mais **je rêve** ? C'est Stéphane, mon frère ! Nous sommes nés dans ce village, mais depuis que Monsieur est

verleugnet
parti jouer les journalistes à Paris, il **renie** ses origines campagnardes ! dit Audrey énervée.

erwidert
Alors, s'adressant au journaliste, le peintre **rétorque** :

- Si vous le souhaitez, vous pourriez venir faire le modèle dans

Künstleratelier / gewachsen sein
mon **atelier d'artiste** ? Et j'essaierai d'**être à la hauteur** de votre élégance.

Le journaliste, furieux, quitte alors la salle sous les rires des

Gäste
convives.

le vernissage
Vernissage
le musée
Museum
l'atelier (m.) d'artiste
Künstleratelier
les expositions
Ausstellungen
la galerie d'art
Kunstgalerie
la brocante
Trödelmarkt; Flohmarkt
la peinture
Malerei
la peinture à l'huile
Ölmalerei
les graffitis (m.)
Graffiti
la peinture à fresque
Freskenmalerei
les techniques
Techniken
la peinture acrylique
Acrylmalerei
l'aquarelle (f.)
Aquarell(malerei)

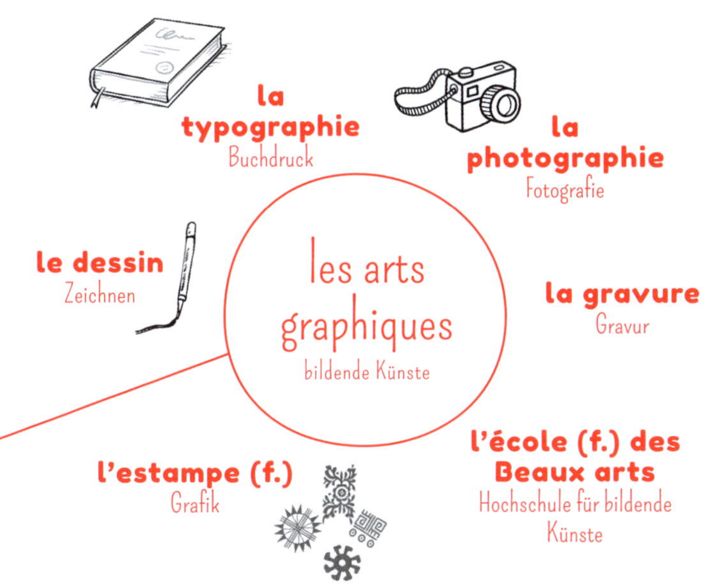

les arts graphiques
bildende Künste

la typographie
Buchdruck

la photographie
Fotografie

le dessin
Zeichnen

la gravure
Gravur

l'estampe (f.)
Grafik

l'école (f.) des Beaux arts
Hochschule für bildende Künste

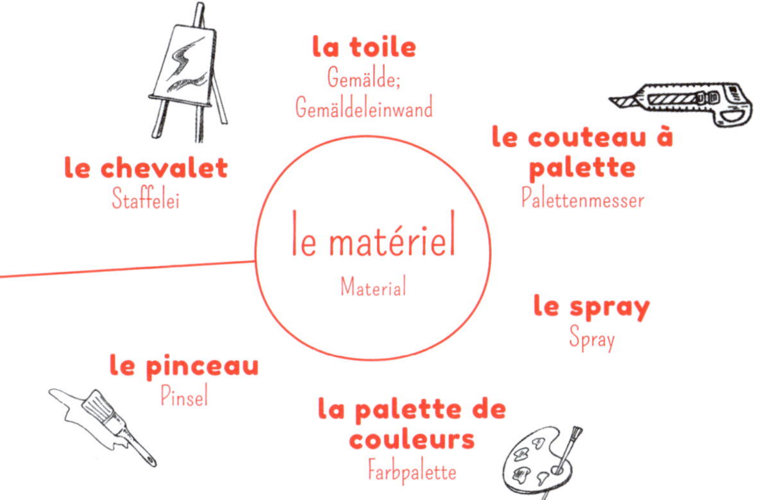

le matériel
Material

la toile
Gemälde; Gemäldeleinwand

le chevalet
Staffelei

le couteau à palette
Palettenmesser

le spray
Spray

le pinceau
Pinsel

la palette de couleurs
Farbpalette

Un anniversaire en famille

Roland ouvre le tiroir de son bureau pour annoncer la bonne nouvelle à Françoise.

– J'ai une lettre pour toi de nos fils. Je **suis dans la confidence** (bin eingeweiht) avec eux et je devais te la donner ce matin seulement.

Alban et Yann sont les enfants du couple et, samedi, leur maman va avoir quatre-vingts ans.

Elle ouvre la lettre et a les **larmes** (Tränen) aux yeux.

– Nous allons passer le week-end tous les deux ! Ils nous ont réservé une petite **maison** (Haus) à Sarzeau, **au bord de la mer** (am Meer), dit-elle **en se mouchant le nez** (während sie sich die Nase putzt).

– Alors, nous n'avons pas une minute à perdre !

Trente minutes plus tard, les bagages sont faits. Roland et Françoise quittent Angers pour la Bretagne.

– Je peux prendre ton téléphone ? demande-t-elle. Je vais

appeler les garçons.

- Oui, tiens.

- Alors, comment on fait déjà ?

- Écoute, **fais un effort** (streng dich an) ! C'est quand même pas compliqué, s'énerve Roland avant de poursuivre :

- Là, tu **glisses** (gleitest) ton doigt, tu fais une forme en C et tu vas là où il y a le symbole du téléphone. Après...

- Oui, c'est bon, je ne suis pas un dinosaure non plus, coupe Françoise **vexée** (beleidigt). Je sais chercher dans les contacts, merci. Mais ça serait plus simple s'il n'y avait que des **touches** (Tasten), comme avant, ajoute-t-elle un peu **dépassée** ((hier:) überfordert) par la technologie... C'est dommage que les enfants ne viennent pas.

- Peut-être qu'ils **n'étaient pas disponibles** ((hier:) hatten keine Zeit).

- Oui, c'est leur époque qui veut ça, toujours **pris par le temps** (unter Zeitdruck)... Yann habite trop loin et Alban a des activités prévues avec ses petits. Enfin bon, pour ma huitième **décennie** (Jahrzehnt), ils auraient pu faire un effort, **se plaint** (beklagt sich)-elle.

En s'arrêtant dans une station essence, Roland programme le GPS pour arriver à destination.

– C'est fou tout ce qu'on peut faire avec une carte bancaire et un smartphone ! Il y a trente ans, on nous aurait servi de l'essence, lavé notre **pare-brise** (Windschutzscheibe), nous aurions **payé en espèces** (bar bezahlt) et utilisé la **carte routière** (Straßenkarte) pour arriver à destination... constate-t-il.

– Oui, mais ton pare-brise est sale, **ironise** (spöttelt) sa femme.

Ils reprennent la route et la mer apparaît. Ils arrivent enfin et Françoise dit d'une voix étonnée :

– C'est une grande maison !

– Oui, je ne sais pas, **on dirait** ((hier:) es sieht so aus), dit Roland un peu confus.

– Mais là-bas, c'est Alban ! Et sa petite famille est là ! dit-elle avec joie.

La surprise est réussie. Françoise est ravie de les retrouver.

– Et oui maman, on est là ! Quatre-vingts ans, on ne pouvait pas **rater** (verpassen) ça ! dit Alban avec le sourire.

– Et nous aussi, nous n'aurions raté ton **anniversaire** (Geburtstag) pour rien au monde ! dit Yann, la tête à la fenêtre du premier étage avec sa femme et ses enfants.

– Vous êtes venus aussi ! Comme je suis contente d'avoir tous mes enfants ici ! C'est le plus beau cadeau que vous pouviez me faire, dit Françoise en **essuyant** (wischt) ses yeux avec un **mouchoir** (Taschentuch).

Le soir, la discussion porte sur la maison louée.

- C'est incroyable internet. Je trouve ça fou que l'on puisse louer un **bien** (Immobilie) à des personnes sans les avoir vues… Il y a quarante ans, tu allais dans ta **résidence secondaire** (Ferienhaus), à l'**hôtel** (Hotel) ou au **camping** (Campingplatz). Mais louer une maison **entre particuliers** (zwischen Privatpersonen), c'était compliqué, analyse Roland.

- Et oui, les **applis** (Apps) sur téléphone permettent de faire plein de choses simplement ! ajoute Yann. La **société de consommation** (Konsumgesellschaft) fait en sorte que tout soit possible **n'importe quand** (wann immer du willst)… Disons qu'ici, on est plutôt bien dans cette belle maison !

- Oui, c'est notre résidence pour deux jours ! ajoute Alban.

Françoise profite de ses petits-enfants, surtout ceux de Yann qui habitent à plus de six cents kilomètres. Son fils Antonin, du haut de ses cinq ans, lui demande :

- Tu as quatre-vingts ans, mamie ? C'est beaucoup plus que moi ?

- Oh oui, mon chéri ! Quand j'avais ton âge, les **écrans** (Bildschirme) ou les téléphones n'existaient pas.

- Et papi, il avait des écrans, lui ?

- Papi non plus ! Il a le même âge que moi, on est mariés depuis cinquante-huit ans, alors…

- Ça veut dire quoi « marié » ?

- Ah oui, c'est vrai, tes parents n'ont pas fait de **mariage** (Hochzeit). Alors, comment te dire, avant…

- À table ! annonce Adèle, la **compagne** (Lebensgefährtin) de Yann.

Mais Camille, la fille d'Alban, **fait un caprice** (quengelt) :

- Je ne veux pas manger, j'aime pas ça !

- On ne dit pas ça et tu manges, s'il te plaît, lui demande gentiment sa maman.

Mais Camille **boude** (schmollt) et **repousse** (schiebt weg) son assiette.

Roland, dans son rôle de papi, intervient alors :

- Tu sais, Camille, quand j'étais enfant, je ne pouvais pas faire ce que tu fais. Tes parents sont gentils avec toi et tu devrais les écouter, il faut manger.

Camille écoute avec attention son grand-père et prend finalement sa fourchette.

Yann dit alors :

- Tu vois, Antonin, il faut penser à ce que vient de dire papi quand tu fais comme Camille à la maison.

- Mais pour qu'il entende ça plus souvent, il faudrait être proches de chez nous, dit Françoise en souriant.

- Je sais, maman, tu aimerais que nous soyons près de chez vous, comme Alban.

Il poursuit :

- Et je souhaite d'ailleurs profiter de ton anniversaire pour t'annoncer quelque chose. Dans six mois, je suis **muté** (versetzt) à Angers pour mon travail !

- C'est pas vrai ? demande Françoise **stupéfaite** (verblüfft).

- Si, je vous **assure** (versichere) ! confirme Adèle. Nous nous **rapprochons** (kommen näher) de vous ! Et ce n'est pas tout : dans six mois, il y aura aussi un joli bébé ! ajoute-t-elle en posant les mains sur son ventre.

- Alors, bon anniversaire ! **s'écrit** (ruft) Roland joyeusement.

Françoise n'a plus qu'à se moucher à nouveau pour essuyer ses larmes de joie.

les occasions
Anlässe

entre amis
unter Freunden

l'anniversaire (m.)
Geburtstag

le séminaire de travail
Tagung; Arbeitsseminar

le mariage
Hochzeit

en amoureux
in trauter Zweisamkeit

la réunion de famille
Familientreffen

la réservation
Reservierung

le site internet
Webseite

l'agence (f.) de location
Vermietungsagentur

l'agence (f.) de voyage
Reisebüro

entre particuliers
zwischen Privatpersonen

les lieux
Orte

à la campagne
auf dem Land

à la montagne
in den Bergen

à l'étranger
im Ausland

au bord de la mer
am Meer

en ville
in der Stadt

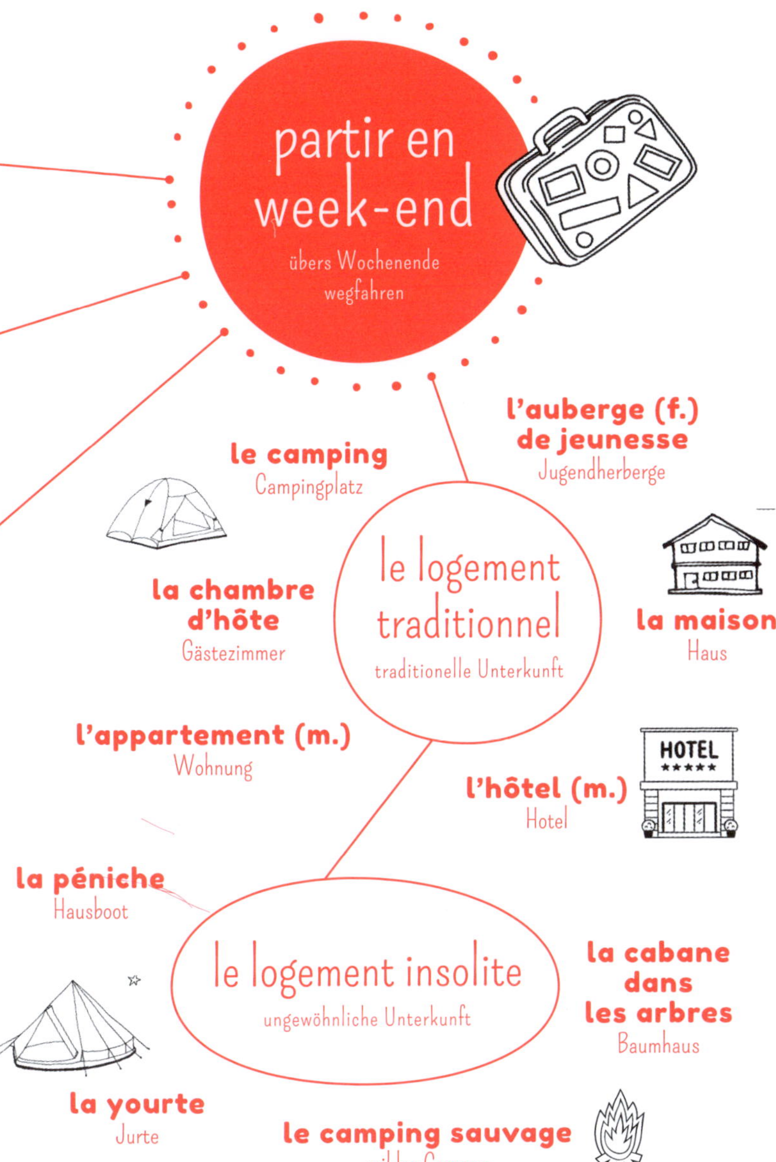
partir en week-end
übers Wochenende wegfahren
le logement traditionnel
traditionelle Unterkunft
le camping
Campingplatz
l'auberge (f.) de jeunesse
Jugendherberge
la chambre d'hôte
Gästezimmer
la maison
Haus
l'appartement (m.)
Wohnung
l'hôtel (m.)
Hotel
HOTEL
le logement insolite
ungewöhnliche Unterkunft
la péniche
Hausboot
la cabane dans les arbres
Baumhaus
la yourte
Jurte
le camping sauvage
wildes Campen

Une recette au balcon

Flore et Benjamin préparent le **dîner** (Abendessen). Ce soir, ils ont invité un couple d'amis dans leur nouvel appartement.

– Est-ce que tu as bien respecté la **recette** (Kochrezept) ? demande Flore.

– Oui, j'ai coupé en morceaux l'ail et les oignons, mis un peu d'huile dans la **poêle** (Pfanne) pour les **faire revenir** (andünsten) doucement.

– Parfait. Et où est la viande ?

– Dans le frigo ! répond Benjamin.

– Ah oui, je ne l'avais pas vue. Il faudra ensuite ajouter la viande, le **persil** (Petersilie), la **coriandre** (Koriander) et laisser **mijoter** (köcheln).

– Sans oublier le sel et le poivre, chef !

Flore **met le couvert** (deckt den Tisch) et dit à son **compagnon** (Lebensgefährte) :

– Je vais m'occuper des tomates. Il y a juste à couper le chapeau, à les **évider** (aushöhlen) et quand la viande sera cuite, nos **tomates farcies** (gefüllte Tomaten) seront prêtes ! Il n'y aura plus qu'à mettre le **plat** (Auflaufform) au **four** (Ofen).

J'espère qu'ils aimeront...

Nachtisch
- Et pour le **dessert** ?

- C'est Grégoire et Rose qui s'en occupent.

Une demie-heure plus tard, on sonne à la porte.

- Coucou ! Ça va bien ? demande Rose.

- Oui, très bien ! On est contents de vous recevoir, dit Benjamin.

Les amis se saluent, font la visite du nouvel appartement et prennent l'apéritif dans le salon.

- Mais quelle histoire pour trouver un dessert, le dimanche !

(hier:) fahren in
On a dû **faire** cinq pâtisseries pour en trouver une ouverte, remarque Grégoire.

- Ah oui ? dit Flore d'un air surpris.

- Il faut bien que les gens se reposent, ajoute Benjamin.

- Les boulangers-pâtissiers gagnent bien leur vie pour
sich erlauben / empört sich
se permettre de fermer le dimanche ! **s'indigne** Rose.

das hat damit nichts zu tun / ärgert sich
- Mais **ça n'a pas de rapport**, **s'offusque** Benjamin.

Un boulanger ou un pâtissier a aussi le droit d'avoir une vie de famille comme tout le monde. Il se lève très tôt en semaine, il travaille généralement le samedi et ferme le lundi, comme beaucoup de **commerçants** (Händler). Il a le droit de profiter aussi de son dimanche, non ?

– Tu as raison sur ce point, **coupe** (unterbricht) Rose. Mais si tout le monde veut vivre sa petite vie sans **contraintes** (Zwänge), où va-t-on ? Certaines personnes voudraient faire leurs courses sur leur temps libre. Mais quand on propose aux gens de travailler le dimanche, souvent, ils refusent ! C'est pour ça que le **drive** (Drive-in) a du succès. Il y a beaucoup de magasins qui pourraient ouvrir le dimanche si les gens étaient courageux.

– Et tu trouves ça bien de **revenir** ((hier:) hinterfragen) sur les **acquis sociaux** (soziale Errungenschaften) ? Il n'y a pas que l'argent dans la vie. Et tu penses que faire les courses ou consommer est passionnant ? s'énerve Benjamin.

Flore sent que la conversation devient nerveuse. Alors, elle intervient pour changer de sujet.

– Je crois que le plat est prêt ! Nous pouvons passer à table. Nous avons fait des tomates farcies, vous aimez ?

– Oh oui c'est super, on adore ça ! **surenchérit** (betont) Grégoire.

Les amis vont à table et l'atmosphère **se détend** (lockert sich auf). Mais ils entendent de la musique de l'autre côté du mur.

- Ça fait deux semaines que nous habitons l'appartement, et ce n'est pas la première fois que le voisin met sa musique un peu trop fort. Nous irons le voir pour le lui dire, dit Benjamin.

- Oui, tu as raison, **acquièsce** (stimmt zu) Flore. En tout cas, sachez que tous les produits de la recette sont bios, dit-elle en servant le plat.

- Nous faisons la même chose malgré le prix **plus élevé** (höhere), **rétorque** (erwidert) Rose. Et c'est vrai que le succès du bio est incroyable. Les consommateurs cherchent des produits plus sains. Les gens qui **cultivent** (anbauen) leur jardin au naturel **se font rares** (sind selten), surtout en ville.

- Oui, même si ça dépend aussi de la ville. Il y a des **jardins partagés** (Gemeinschaftsgärten) dans notre rue, tu sais ? Les personnes peuvent **obtenir** (erhalten) une **parcelle** (Parzelle) de terre **en faisant une demande** (indem sie einen Antrag stellen) à la mairie. Ils peuvent la cultiver, et c'est aussi un lieu d'échange, ajoute Flore.

- C'est une bonne idée, je ne connaissais pas.

Avec humour, Benjamin précise :

- Mais pour ça, il faut avoir du temps et ne pas travailler le dimanche...

– Toujours **avoir le dernier mot** (das letzte Wort haben), tu ne changeras jamais, toi ! dit Rose en souriant.

Au moment du dessert, la musique du voisin se fait toujours entendre, mais un magnifique **entremets** (Süßspeise) au chocolat est servi.

– Ça fait longtemps que je n'ai pas vu un gâteau aussi **appétissant** (lecker aussehend), dit Benjamin **avec gourmandise** (gierig).

– Et comme nous n'aurions jamais eu le temps de préparer un dessert, merci pour cet excellent choix ! ajoute Flore.

– C'est vrai que ce n'est pas simple de trouver le temps de tout faire, dit Grégoire. En semaine, nous, on évite d'acheter des **plats cuisinés** (Fertiggerichte). Mais **faire bouillir** (kochen) des pâtes reste le plus rapide !

– En tout cas, ce pâtissier doit continuer de travailler le dimanche, son gâteau est **exquis** (köstlich) ! plaisante Benjamin.

Le repas terminé, Flore fait une proposition :

– Et si on sortait ? Il y a un concert au Rockafé, ça vous dit ?

Les quatre amis sont d'accord et sortent de l'appartement.

Mais lorsque Flore **claque** (schlägt zu) la porte, elle demande à Benjamin d'un air inquiet.

- Tu as les clés ?

- Non, je ne les ai pas prises.

- Oh non ! On ne peut plus rentrer. Je ne suis pas habituée : il n'y a pas de **poignée** (Griff) à l'extérieur et quand la porte se ferme...

Grégoire et Rose **compatissent** (haben Mitleid)...

- J'ai laissé ouverte la **baie vitrée** (großes Fenster) qui donne sur le balcon ! intervient Benjamin.

- Ouf ! Il n'y a plus qu'à demander à notre voisin de passer chez lui, alors ! dit Flore à son compagnon.

Ils sonnent à sa porte et le voisin accepte gentiment. Benjamin **enjambe** (steigt über) le balcon et ouvre la porte sans oublier les clés cette fois. En sortant dans la rue, il ajoute avec le sourire :

- La prochaine fois, je préfèrerai lui parler de musique plutôt que d'escalade !

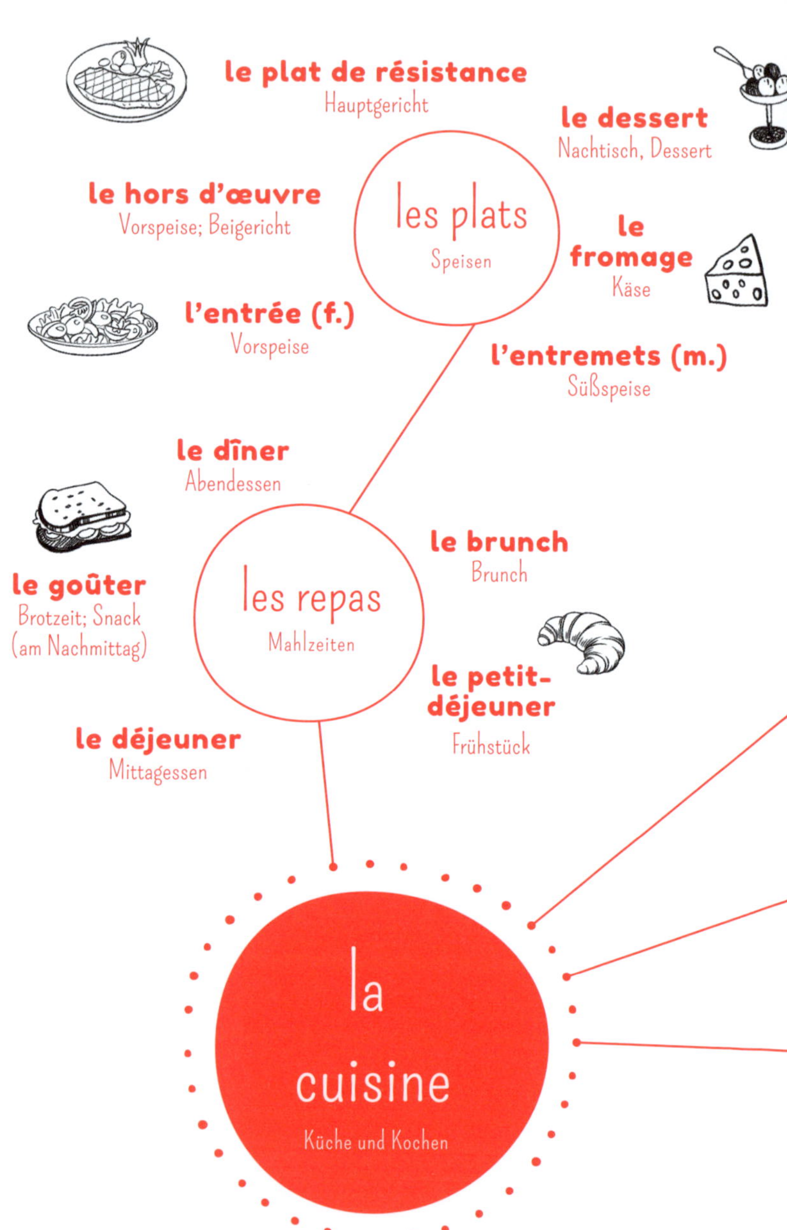
le plat de résistance
Hauptgericht
le dessert
Nachtisch, Dessert
le hors d'œuvre
Vorspeise; Beigericht
les plats
Speisen
le fromage
Käse
l'entrée (f.)
Vorspeise
l'entremets (m.)
Süßspeise
le dîner
Abendessen
le brunch
Brunch
le goûter
Brotzeit; Snack (am Nachmittag)
les repas
Mahlzeiten
le petit-déjeuner
Frühstück
le déjeuner
Mittagessen
la cuisine
Küche und Kochen

émincer
in dünne Scheiben schneiden

râper
reiben

cuire
kochen

la recette
(Koch-)Rezept

gratiner
überbacken

mijoter
köcheln

(faire) bouillir
kochen; zum Kochen bringen

faire revenir
andünsten

le mixeur
Mixer; Handrührgerät

le four
Ofen

l'électro-ménager
Haushaltsgeräte

la friteuse
Friteuse

le robot de cuisine
Küchenmaschine

la plaque de cuisson
Kochplatte

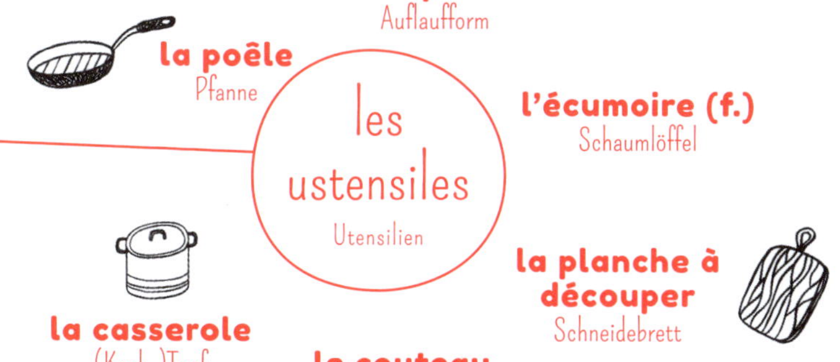

le plat
Auflaufform

la poêle
Pfanne

les ustensiles
Utensilien

l'écumoire (f.)
Schaumlöffel

la planche à découper
Schneidebrett

la casserole
(Koch-)Topf

le couteau
Messer

6 La table d'honneur

Devant la **mairie** [Rathaus], les mariés descendent d'une **voiture de collection** [Oldtimer] pour rejoindre les invités.

Dans la salle de l'**hôtel de ville** [Rathaus], les sourires laissent place à l'émotion quand le **maire** [Bürgermeister] déclare :

- Élise Aubier, **consentez-vous** [(hier:) Erklären Sie sich bereit] à prendre pour **époux** [Ehemann] Gaëtan Moreau ici présent ?

- Oui, dit-elle d'une voix émue.

- Gaëtan Moreau, consentez-vous à prendre pour **épouse** [Ehefrau] Élise Aubier ici présente ?

- Oui, répond le **marié** [Bräutigam] d'une voix convaincue.

- Au nom de la loi, je vous déclare unis par le **mariage** [Ehe], annonce le maire à l'assemblée.

Le couple s'embrasse sous les applaudissements de la famille et des amis venus fêter l'évènement. Ils sortent sous une

Umarmungen
pluie de riz, accompagnés de félicitations et d'**embrassades** chaleureuses.

Feier Gutshaus Gäste
La **cérémonie** se poursuit dans un **manoir** où les **convives**
Empfang
et les mariés se rendent pour le **vin d'honneur**.

– Il faut que tu tournes à droite et nous sommes arrivés, dit Léa à son compagnon Marc.

Rede Trauzeuge
– Le site est magnifique ! Ton **discours** de **témoin** était superbe à la mairie, tu n'as pas eu peur et on sentait ta
Ehrlichkeit Verbundenheit
sincérité, pleine d'**affection** pour Élise, la félicite Marc.

– Je te remercie, c'est gentil.

Braut
– Tout à fait d'accord, ajoute Julien, le frère de la **mariée**. Je connais Élise par cœur et j'ai bien vu que tu lui as tiré une petite larme avec tes mots !

– Une amie de plus de vingt ans qui me fait l'honneur d'être sa témoin de mariage, je ne voulais surtout pas rater mon discours ! conclut Léa en sortant de la voiture.

verschwinden
Les jeunes gens **se fondent** dans la foule d'invités et le vin
Gebäude
d'honneur a lieu devant la belle **bâtisse**, dans le jardin à la française du manoir. Un orchestre joue de la musique quand

Élise **prend la parole** (das Wort ergreift).

– Nous sommes heureux de vous avoir réunis pour notre mariage et vous allez pouvoir prendre place dans la salle pour le repas. Il y a un **plan de table** (Tischordnung) et si nous n'avons oublié personne, vous devriez tous trouver votre place ! ajoute-t-elle en souriant.

– Pour nous, ce n'est pas trop compliqué, nous avons le droit à la **table d'honneur** (Ehrentisch) ! dit Léa à son compagnon en mangeant un dernier toast.

La salle est décorée avec goût, la **charpente** (Dachstuhl) donne à la pièce un air de cathédrale avec sa hauteur de **plafond** (Decke).

– Tu es Léa, c'est bien ça ? demande Lily, une femme brune à l'œil **pétillant** (strahlend).

– Oui, je suis une amie **de longue date** (langjährig) d'Élise ! Et toi, je crois savoir que tu es de la famille de Gaëtan, n'est-ce-pas ? demande-t-elle en enlevant son **chapeau** (Hut).

– Tout à fait. Le marié est mon **cousin germain** (Cousin ersten Grades), depuis le temps que je voulais qu'il se marie avec Élise… Je suis très heureuse, c'est un couple **modèle** (vorbildlich), dit-elle en regardant les mariés s'installer à leur table.

- On arrive et Miss Lily nous complimente déjà ! commente Gaëtan en souriant.

- Oui, mais c'est normal, je suis fière d'être un peu à l'origine de tout ça.

- Tu veux dire de leur rencontre ? demande Léa avec **curiosité** (Neugier).

- Mais oui ! Ils se sont rencontrés pendant des vacances d'été au bord de la mer, à Pornic. Je travaillais au camping et Gaëtan n'était pas **sûr de lui** (selbstsicher). Comme maintenant, il était très timide.

- Oh, arrête un peu, j'étais **réservé** (zurückhaltend), mais...

- Quoi ? Tu devenais tout rouge si Élise te parlait ! s'amuse Lily **en exagérant** (übertreibend). Et du coup, c'est moi qui ai dit à Élise que le jeune homme au teint rose n'**osait** (traute sich) pas lui parler. Mais Élise ne l'avait même pas remarqué !

- Mon pauvre chéri, on sort les **vieux dossiers** ((hier:) alte Kamellen) ! ajoute Élise ravie d'entendre Lily faire le film de leur histoire d'amour.

- Et c'est là que super-Lily est **intervenue** (ins Spiel kam). J'ai convaincu Élise de venir à la soirée-concert du camping. Et qui chantait lors de cette soirée ? Monsieur Gaëtan, le timide, qui était une **bête de scène** (Rampensau) quand il jouait de la musique en public !

- Et là, **coup de foudre** (Liebe auf den ersten Blick) à Camping Hill ! **plaisante** (scherzt) Julien en frère **averti** (sachkundig).

- C'est ça, et aujourd'hui, on fête leur mariage ! ajoute Lily.

- Mais je n'étais pas au courant de cette histoire de concert ! dit Léa à Élise. Tu ne m'avais pas parlé d'une chanson qu'il t'avait écrit ?

- Ah oui, mais ça, c'était après... quand j'étais sûre qu'il m'aimait ou plutôt que moi aussi je l'aimais...

- Je ne te **suis** (folge) pas trop là ? intervient Gaëtan qui semble découvrir l'histoire.

- Mais ce n'est rien, c'est juste qu'au début je n'étais pas sûre de mes **sentiments** (Gefühle) pour toi. Tu te souviens, je sortais d'un **chagrin d'amour** (Liebeskummer). Et puis il y a eu la **rentrée** ((hier:) Anfang) à la **fac** (Uni), tu m'as écrit une chanson rien que pour moi ! C'était fort, tes mots étaient les miens, enfin ceux que je rêvais d'entendre de la part d'un homme. Et puis au-delà de la musique, bien sûr, je t'ai revu et voilà, tu es mon mari aujourd'hui ! sourit Élise en touchant son **alliance** (Eheringe) avec ses doigts.

- Mais c'est trop **mignon** (süß), ils vont nous faire pleurer nos **tourtereaux** (Turteltäubchen) ! ajoute Lily pour plaisanter.

Le mariage se passe dans la bonne humeur, **rythmé** (unterbrochen) par quelques animations entre les plats.

Julien diffuse sur un grand écran des photos **inédites** ((hier:) unbekannte) de Gaëtan qui font sourire la salle, de son enfance à son adolescence aux coiffures impossibles.

Avant que le dessert ne soit servi, Lily prend la parole et une trentaine de **complices** (Komplizen) viennent la rejoindre sur la petite scène.

– Mon cher cousin... ma chère Élise... nous vous avons organisé une petite surprise.

Pendant ce temps, Marc **distribue** (verteilt) des feuilles à tous les invités et Lily poursuit son discours.

– La chorale et moi-même allons vous chanter une chanson, dit-elle avec un **hochement de tête** (Kopfnicken) vers l'orchestre qui **entame** (beginnt) la **partition** (Partitur).

À sa table, le couple écoute avec émotion leurs **proches** (Verwandte) chanter **en chœur** (gemeinsam). Le morceau est la composition qui avait **fait chavirer** (erobert) le cœur d'Élise pour l'homme devenu son mari.

les personnes importantes
wichtige Personen

l'officier (m./f.) d'état public
Standesamtbeamter(-beamtin)

le/la maire
Bürgermeister(in)

le/la témoin
Trauzeuge(-zeugin)

l'époux (m.), l'épouse (f.)
Ehemann, Ehefrau

le prêtre
Pfarrer

les lieux
Örtlichkeiten

la mairie
Rathaus

l'église (f.)
Kirche

l'hôtel (m.) de ville
Rathaus (nur bei größeren Städten)

le manoir
Gutshaus

le château
Schloss

la salle des fêtes
Festsaal

la ferme
Bauernhof

le jour J
am Tag X

la cérémonie
Feier; Feierlichkeiten

le discours
Rede

le plan de table
Tischordnung

les alliances (f.)
Eheringe

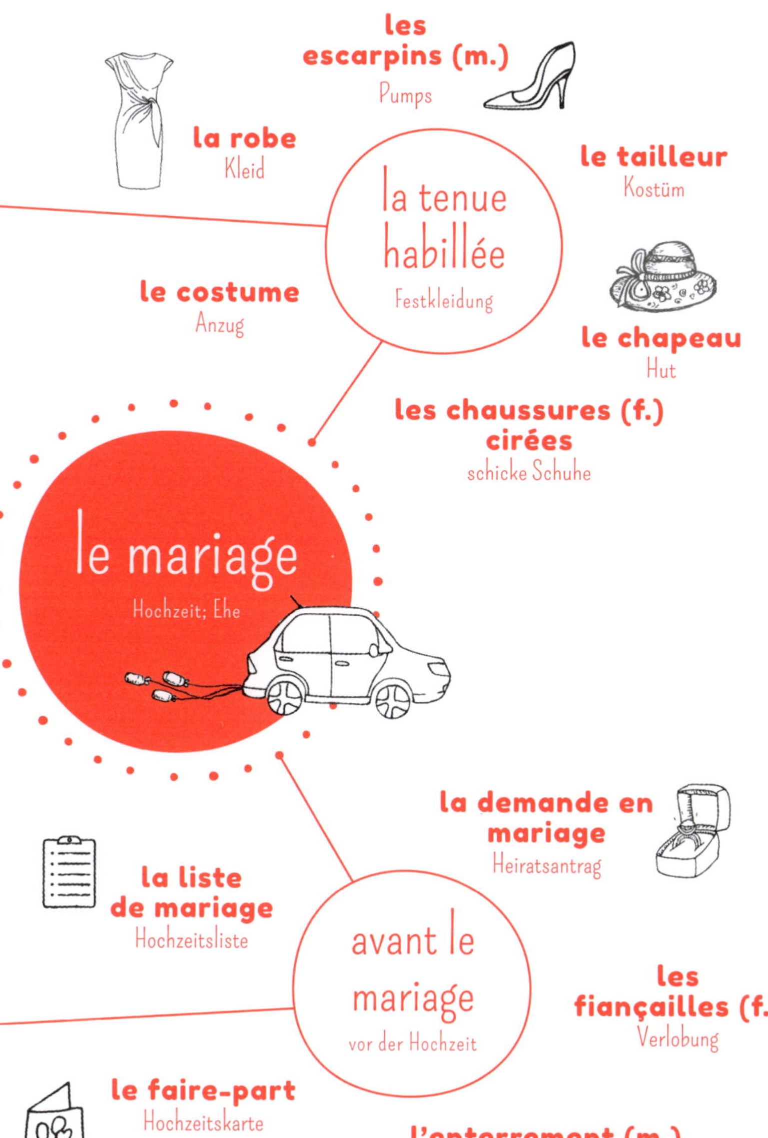
les escarpins (m.)
Pumps
la robe
Kleid
le tailleur
Kostüm
la tenue habillée
Festkleidung
le costume
Anzug
le chapeau
Hut
les chaussures (f.) cirées
schicke Schuhe
le mariage
Hochzeit; Ehe
la demande en mariage
Heiratsantrag
la liste de mariage
Hochzeitsliste
avant le mariage
vor der Hochzeit
les fiançailles (f.)
Verlobung
le faire-part
Hochzeitskarte
l'enterrement (m.) de vie de garçon / jeune fille
Junggesell(inn)enabschied

Une mauvaise habitude

Mathilde est en séminaire à Paris. À six cents kilomètres de là, Luc s'occupe des enfants à la maison quand le téléphone sonne.

– C'est maman ! dit Sofia, leur fille aînée de huit ans.

Apparat
Très vite, Jacob rejoint sa sœur près du **combiné**.

– Alors les enfants, tout se passe bien ? demande Mathilde.

– Oui ça va, même si papa est venu me chercher en retard à
Schule
l'**école**, répond Sofia.

– Comment ?

Tagesmutter
– Oui, je suis passé prendre Jacob chez la **nounou** et avec les
verlegen
bouchons, j'ai eu dix minutes de retard, avoue Luc **embarrassé**.

einplanen
– Ah mince ! Tu devrais **prévoir** de partir plus tôt, c'est
fahren
difficile de **circuler** à cette heure-là, tu le sais bien, lui reproche sa femme.

verbrannt
– Et le repas, il était tout **brûlé** ! ajoute Jacob.

Luc lève les yeux aux ciels en posant la **paume** (Handfläche) de sa main sur son **front** (Stirn).

- Quoi ? **s'insurge** (regt sich auf) Mathilde.

Luc, un peu gêné, lui répond.

- Euh oui. Tu sais, on est mercredi et c'est le jour du bain. Pendant que je **lavais** (wusch) Jacob, les pizzas étaient dans le four pour que les enfants dînent tôt. Mais je les ai oubliées et elles ont brûlé. Il y avait un peu de fumée dans la cuisine...

- Non, plein de fumée ! On a ouvert toutes les fenêtres ! ajoute Sofia **avec espièglerie** (schelmisch).

- Eh bien, bravo mon chéri ! Tu **assures** (hast es im Griff) quand je ne suis pas là, ironise sa femme.

- J'ai hâte que tu rentres justement ! C'est bien demain ? demande-t-il.

- Oui, dans l'après-midi, comme ça, je pourrai **récupérer** (abholen) les enfants si **ça t'arrange** (für dich passt) ?

- Je veux bien, oui ! J'ai une **grosse journée de boulot** (sehr langer Arbeitstag) demain et **vu que** (da) j'ai **écourté** (verkürzt) mes horaires pour m'occuper des enfants cette semaine, je dois **rattraper** (nachholen).

La conversation s'achève et Luc couche les enfants. Il s'assoit dans le canapé et prend un livre. Deux minutes plus tard, il décide finalement de **regarder la télévision** (fernsehen).

Le lendemain matin, le **réveil** (Wecker) sonne à sept heures. Luc prépare le petit-déjeuner et va réveiller les enfants. À table, Sofia n'arrive pas à **tartiner** (bestreichen) sa **biscotte** (Zwieback) et s'énerve.

– Ne t'énerve pas et écoute-moi. Il faut mettre deux biscottes l'une sur l'autre. Comme ça, c'est **plus solide** (fester), lui explique son papa.

Luc lui montre et Sofia réussit également.

– Très bien, ma belle, tu vois, c'est facile !

Luc habille les enfants, mais **l'heure tourne** (die Zeit läuft)...

– Tu as bien pris ton sac avec le **goûter** (Brotzeit) et ton **cartable** (Schulranzen) ?

– Oui papa, c'est bon ! répond sa fille.

– Mais où est-ce que j'ai mis les clés de la maison ? Vous les avez vues, les enfants ?

Luc est **incapable** (nicht in der Lage) de les trouver. Alors ils **se mettent** (fangen an) tous à chercher.

– Ça y est, je les ai trouvées ! Elles étaient sous mon **foulard** (Halstuch) ! dit

Sofia tout en ouvrant la porte d'entrée.

- Merci ma grande, tu es notre **sauveuse** [Retterin] ! Allez vite, tu fermes et on y va, dit Luc.

Ils sortent de la maison et courent vers la voiture. La circulation est **fluide** [fließend]. Il **dépose** [setzt ab] sa fille à l'école sans retard et poursuit le trajet chez la nounou.

Luc arrive enfin à son travail. Il prend un café et **croise** [trifft] Julie.

- Alors comment va ta famille ? demande-t-elle en se servant à la machine.

- Ça va bien, même si ce n'est pas la **routine** [Routine] cette semaine car Mathilde est en séminaire à Paris, lui répond-il.

- Donc tu **gères** [managst] les enfants tout seul ?

- Oui, et ce n'est pas si facile !

- Je comprends. La dernière fois que c'est arrivé à mon compagnon, il a vécu une **mésaventure** [Unglück] incroyable, dit-elle en prenant sa tasse.

- Ah bon ?

- Oui, il s'est fait une **triple** [dreifache] panne ! Panne de réveil, il s'est levé trop tard. Du coup, c'était le stress avec les enfants. Il monte dans la voiture mais là, problème de batterie. C'est la deuxième panne ! Et le plus incroyable, c'est qu'il prend le bus avec les enfants. Mais au bout de cinq cents mètres, c'est la panne numéro trois !

– Le pauvre, **quelle malchance !** (was für ein Pech!) Finalement, tout se passe **à merveille** (wunderbar) avec les enfants, conclut-il en souriant.

Luc reprend le travail et vers quinze heures, il reçoit un appel de Mathilde.

– Mon chéri, c'est moi. **Je suis navrée** (Es tut mir leid), mais mon train a du retard et je ne vais pas pouvoir récupérer les enfants à la sortie de l'école.

– Oh non ! Ça ne m'arrange pas du tout, je me suis engagé auprès de mon chef pour terminer un peu plus tard, se plaint-il.

– Ne t'inquiète pas, j'ai fait le nécessaire. Ma mère viendra les chercher et j'irai les prendre chez elle. Par contre, je serai là vers vingt heures, alors il faudra que tu prépares le dîner pour ne pas coucher les enfants trop tard, d'accord ?

– Pas de problème, j'ai déjà **fait les courses** (eingekauft) et je n'ai plus qu'à **cuisiner** (kochen), la rassure Luc.

Luc termine sa journée à dix huit heures et monte dans sa voiture. Mais, lorsqu'il veut démarrer, celle-ci refuse.

- Ah non, ce n'est pas possible ! C'est Julie qui me **porte la poisse** (bringt Unglück) ou quoi ?

Il **se résoud** (entschließt sich) à appeler Mathilde pour lui expliquer la situation et décide de régler le problème de voiture le lendemain, pour ne pas **décaler** (verschieben) le rythme des enfants. Il prend alors le tram, mais ne peut pas **s'empêcher** (vermeiden) de **craindre** (befürchten) une nouvelle panne.

Après quarante minutes de trajet, il arrive finalement devant la porte de sa maison.

- Mais où est-ce que j'ai mis mes clés ? s'exclame-t-il en **en fouillant** (und durchsucht) dans ses poches.

Alors, **lui vient à l'esprit** (fällt ihm ein) l'épisode du matin : Sofia a fermé la maison sans me redonner les clés... Ce soir, les enfants se coucheront plus tard que **d'habitude** (gewöhnlich), **tant pis !** (macht nichts!)

les habitudes

Gewohnheiten

faire les courses
einkaufen, die Einkäufe erledigen

les tâches du quotidien

Alltagsaufgaben

faire la lessive
Wäsche waschen

laver la vaisselle
(Geschirr) spülen

mettre le couvert
den Tisch decken

cuisiner
kochen

faire le ménage
putzen; den Haushalt machen

la vie quotidienne

Alltagsleben

manger
essen

se laver
sich waschen

dormir
schlafen

lire
lesen

aller au travail
zur Arbeit fahren

regarder la télévision
fernsehen

se coiffer
sich kämmen

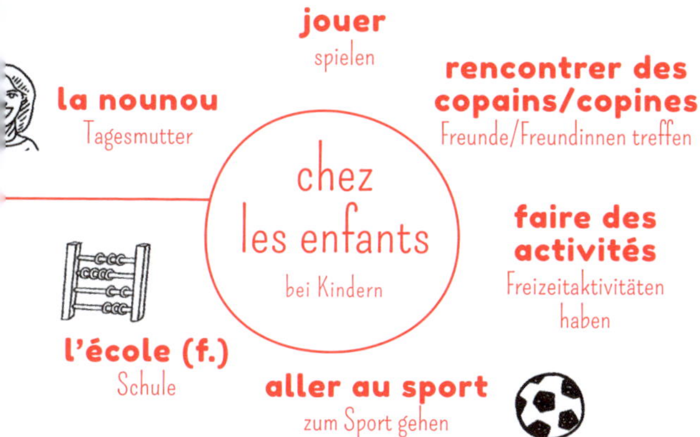

chez les enfants
bei Kindern

jouer
spielen

la nounou
Tagesmutter

rencontrer des copains/copines
Freunde/Freundinnen treffen

faire des activités
Freizeitaktivitäten haben

l'école (f.)
Schule

aller au sport
zum Sport gehen

des synonymes
Synonyme

la routine
Routine

le quotidien
Alltag

la vie de tous les jours
Alltag

le train-train
Alltagstrott

le rituel
Ritual

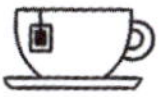

sortir
ausgehen

le spectacle
Event

le restaurant
Restaurant

le cinéma
Kino

la ballade
Spaziergang

le shopping
Shopping; Einkaufen

le sport
Sport

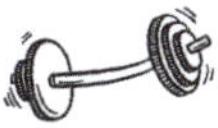

le bar
Bar

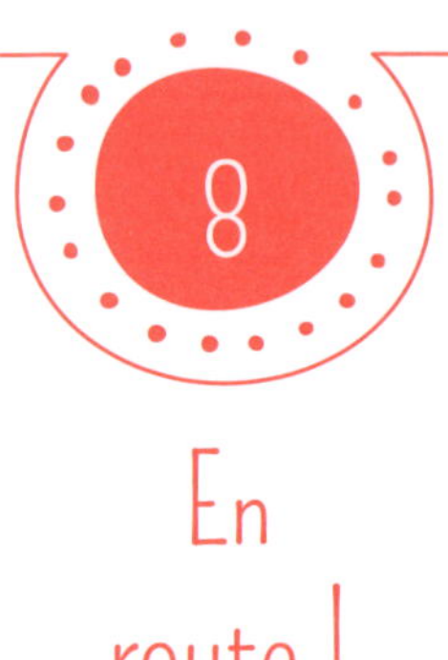

En route !

Hugo et Sarah sont étudiants en fac de sociologie à Toulouse.

Pour des travaux pratiques, ils profitent des vacances de printemps pour aller à la rencontre des Français **en autostop** (per Anhalter).

Équipés de leurs **sacs à dos** (Rucksäcke), ils **se postent** (stellen sich) à un endroit stratégique, le **pouce** (Daumen) levé.

- Vous allez où les jeunes ? demande un homme d'une cinquantaine d'années en ouvrant la porte de son **poids lourd** (Lkw).

- Nous voulons traverser la France, répond Sarah.

- Ah ? Je peux vous **avancer un peu** (ein Stück weiterbringen), je vais à Marseille, dit-il avec un accent du sud de la France.

À bord du **camion** (Lastwagen), les étudiants posent des questions qui **vont de pair avec** ((hier:) passen zu) leur examen.

- **Vous êtes Marseillais d'origine** (Sind Sie gebürtig aus Marseille?) ? demande Sarah.

- Bien sûr ! La *__cité phocéenne__ (anderer Name für Marseille), je ne la quitterai jamais.

Nehmen Sie es mir nicht übel
- **Ne le prenez pas mal**, mais dans le Sud, on dit que vous parlez beaucoup. Est-ce vrai selon vous ? ajoute Hugo.

- Marseille est ouverte sur la Méditerranée et cosmopolite depuis des siècles. Alors oui, marins et marchands ont fait de
Schwätzer
nous des **parleurs** ! Mais on parle moins fort que nos voisins italiens ! ajoute-t-il avec humour.

Le camion roule tranquillement et les jeunes gens discutent
Lkw-Fahrer
avec le **chauffeur**, fier de sa ville natale.

Ils se séparent à Marseille et font à nouveau du stop quand une
Cabrio
voiture décapotable s'arrête devant eux.

- Je vais à Lyon, si ça vous intéresse ? propose un homme aux
gegelt
cheveux **gominés**.

- C'est parfait pour nous, merci ! répond Hugo.

(hier:) legen ab — Gepäck
Ils **logent** leurs **bagages** dans le petit coffre et s'assoient dans le véhicule en profitant du soleil, les cheveux au vent.

Autofahrer
Ils se présentent au **conducteur** qui fait de même.

Außendienstmitarbeiter
- Je m'appelle Luigi et je vis à Milan. Je suis **commercial** pour une grande marque de la mode italienne, dit l'homme avec un léger accent.

- C'est marrant, on vient de quitter un chauffeur qui disait que les Italiens parlent encore plus fort que les Marseillais ! Qu'en dites-vous ? demande l'**apprenti** (Lehrling) sociologue.

- En effet, on parle avec enthousiasme, non ? sourit-il. En Italie comme en France, il y a aussi des clichés entre le Nord qui travaille et le Sud qui ne fait rien. Mais c'est trop facile de **réduire** (reduzieren) un peuple à ses stéréotypes, non ?

- Bien sûr, **acquiesce** (stimmt zu) Sarah.

- Je vais souvent à Lyon et j'aime cette région. Les Lyonnais sont considérés comme **hautains** (hochnäsig) et froids, mais finalement, pas plus qu'ailleurs, non ?

- Nous venons de Toulouse, notre accent chante, alors à chaque région ses **particularités** (Besonderheiten) ! ajoute Hugo.

- Mais il est moins charmant que l'accent d'un Italien qui parle le français, non ? plaisante Sarah.

- Alors là, attention, le **Toulousain** (Bewohner der Stadt Toulouse) est très jaloux ! dit Hugo un peu vexé malgré la bonne humeur collective.

La voiture arrive à Lyon. Les deux étudiants dorment dans une auberge de jeunesse. Après la nuit, ils repartent, **flânant** (schlendernd) dans les rues, admirant les beaux immeubles art déco. Plus tard, ils sont pris en stop par un **automobiliste** (Autofahrer) qui va à Paris. L'homme est peu **bavard** (redselig) et il paraît triste.

- Merci encore, c'est très gentil de nous **conduire** (mitnehmen), dit Sarah en essayant d'**engager** (anschneiden) la conversation.

- Je vous en prie.

- En fait, nous sommes étudiants en sociologie et nous sommes **en voyage** (auf Reisen) en autostop pour **établir** (erstellen) les stéréotypes dans différentes régions, poursuit Hugo.

- C'est bien. On dit que les gens de l'Est sont froids et je ne vais pas **échapper** (entkommen) à ce cliché. Je ne suis pas comme ça d'habitude. Je vais à la **sépulture** (Grab) de mon oncle à Paris et je ne voulais pas faire la route tout seul. Mais je sens bien que ce n'est pas le meilleur jour pour vous parler. Je suis désolé.

- Ne vous inquiétez pas, nous comprenons parfaitement, **compatit** (fühlt mit) Sarah.

- Et à propos de cliché, sachez que mon oncle était **Bavarois** (Bayer). On dit que les Allemands sont droits et disciplinés. Mon oncle était l'exemple contraire, c'était un vrai **aventurier** (Abenteurer) !

Finalement, la discussion fait oublier le triste évènement à cet homme qui les conduit en **banlieue parisienne** (Pariser Vororte). Ils se séparent et en début d'après-midi, une femme leur propose de monter avec elle.

– Ça me rappelle quand j'avais vingt ans. J'étais partie en stop avec une copine et on avait **vadrouillé** (herumgetrieben) jusqu'en Grèce ! confie la femme.

– Génial ! complimente Hugo.

– On était un peu **inconscientes** (leichtsinnig) car il y avait des **troubles** (Unruhen) graves en Grèce à l'époque…

– Vous parlez du régime des **colonels** ((hier:) Obristen) ? complète Sarah.

– Oui ! Mais nous n'avons rencontré aucun problème, les Grecs sont **merveilleux** (fantastisch) et **accueillants** (gastfreundlich). Et quel superbe pays ! Vous allez à Lille, c'est ça ?

– Oui, même si nous sommes des **routards** (Rucksacktouristen) sans destination **déterminée** (festgelegt). On ne pensait vraiment pas se retrouver si vite dans le nord de la France ! s'étonne Hugo.

– Mais il ne faut pas s'arrêter alors ! Lille est un **carrefour** (Kreuzung) vers l'Europe, profitez-en ! dit la dame pleine d'énergie.

(hier:) gesteht ein
– Pourquoi pas ? C'est vrai, **confesse** Hugo en regardant Sarah

nickt
qui **hoche la tête** en guise de oui.

Quatsch
– On dit des **âneries** sur les gens du Nord. Leur accent chante

kommt schlecht an
moins que le vôtre et il **est mal perçu**. C'est dommage car

ce sont des personnes chaleureuses.

Sarah et Hugo acquiescent, en accord avec les idées de la

conductrice.

– Voilà, on arrive bientôt à Lille, mais moi, je vais en Belgique,

à Bruxelles. Si ça vous dit, je vous invite chez moi ce soir ?

propose-t-elle gentiment.

ohne zu zögern
Le duo se regarde et accepte **sans hésiter** la proposition.

werden erweitern
Sarah et Hugo poursuivront leur voyage et **étendront** leur sujet

d'étude à l'Europe. Arrivés jusqu'en Grèce, ils ne rencontreront

qu'un seul problème pour rentrer chez eux : l'autostop n'est pas

une science exacte et, à cause de leur semaine de retard, ils

Referat
râteront la présentation de leur **exposé** !

* Die Bezeichnung **cité phocéenne** für Marseille geht zurück auf die antike Stadt 'Phokaia', dem heute türkischen 'Foça' an der ägäischen Küste. Deren Bewohner, die Phokaier, gründeten um 600 v. Chr. zahlreiche Kolonien im Mittelmeerraum, darunter das heutige Marseille.

l'auto-tour (m.)
Autoreise

la croisière
Kreuzfahrt

quelques voyages
einige Reisen

le voyage tout compris
All-Inclusive-Reise

le voyage en club
Klubreise

le trek
Trekking

l'aventurier, l'aventurière
Abenteurer(in)

le sportif, la sportive
Sportler(in)

différents voyageurs
unterschiedliche Reisende

le routard, la routarde
Rucksacktourist(in)

le/la touriste
Tourist(in)

la valise
Koffer

la trousse de toilette
Kulturbeutel

autour des bagages
rund um Gepäck

le sac à dos
Rucksack

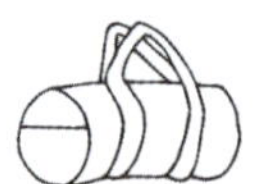

le sac de sport
Sporttasche

le vanity
Kosmetikkoffer

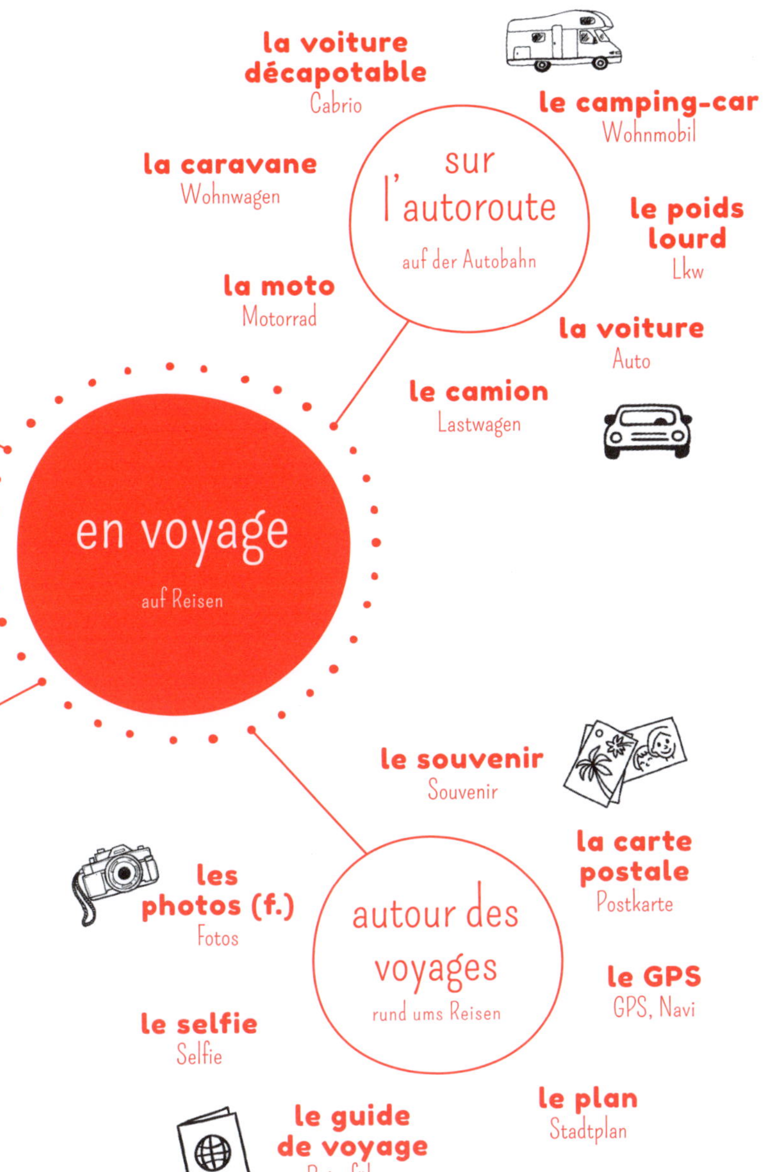

en voyage
auf Reisen

sur l'autoroute
auf der Autobahn

la voiture décapotable
Cabrio

le camping-car
Wohnmobil

la caravane
Wohnwagen

le poids lourd
Lkw

la moto
Motorrad

la voiture
Auto

le camion
Lastwagen

autour des voyages
rund ums Reisen

le souvenir
Souvenir

la carte postale
Postkarte

les photos (f.)
Fotos

le GPS
GPS, Navi

le selfie
Selfie

le plan
Stadtplan

le guide de voyage
Reiseführer

Un petit effort

– Incroyable ! s'exclame Jean en entrant dans le nouvel appartement de Pierre. Quelle **fraîcheur** (Frische) ! Pourtant, dehors, c'est la **canicule** (Hitzewelle).

Pierre lui sourit fièrement avant de répondre :

– L'appartement que j'ai acheté est très moderne. La **climatisation** (Klimatisierung) est automatisée et **s'adapte** (passt sich an) à la température extérieure.

– La climatisation ? s'étonne Jean. Peux-tu me rappeler pourquoi je suis venu chez toi ce soir ?

– Je t'ai invité à une conférence sur les **pratiques** ((hier:) praktische Methoden) qui limitent le **réchauffement climatique** (Klimaerwärmung)...

– Tu ne trouves pas **contradictoire** (widersprüchlich) d'**assister** (teilnehmen) à cette conférence alors que tu utilises la climatisation dans ton appartement ?

Pierre réfléchit mais ne semble pas comprendre ce que lui dit son ami. Jean reprend :

Klimaanlagen stoßen Kohlendioxid aus
- Les **climatiseurs** **émettent du dioxyde de carbone**

Treibhauseffekt
dans l'atmosphère, ce qui augmente l'**effet de serre** et participe donc au réchauffement climatique.

Pierre ne semblait pas le savoir. Il demande à Jean :

- Et quand il fait aussi chaud alors ?

- Tu as la chance d'avoir un appartement avec de grandes

mit Durchzug lüften
fenêtres. Donc, pense à **faire des courants d'air** et à

herunterlassen Rollläden
abaisser les **volets** dans l'après-midi. Et tu fais aussi un

minimale Anstrengung aushalten Hitze
petit effort pour **supporter** la **chaleur**...

Pierre promet à Jean de suivre ses conseils, puis il regarde l'heure et déclare :

- Il est temps de partir à la conférence !

- C'est d'accord. Si tu veux, nous pouvons prendre ma voiture...

verblüfft
Pierre regarde Jean d'un air **ébahi** et lui dit :

- Ta voiture ? Tu me reproches d'utiliser un climatiseur, mais toi, tu es venu en voiture alors que tu habites à un kilomètre d'ici !

Jean s'explique :

- Sans la conférence, je serais venu à pied !

- Nous aurions pu y aller à vélo si tu avais pris le tien.

- Tu as raison, mais la salle de conférence est loin et je suis fatigué.

Pierre se met à rire et reprend :

- Les voitures **consomment** (verbrauchen) de l'**essence** (Sprit) et émettent des gaz à effet de serre. Pour limiter le réchauffement climatique, le vélo est idéal, mais ça demande un petit effort.

Jean promet lui aussi de suivre les conseils de Pierre qui propose :

- Pas de vélo et pas de voiture ! Nous irons en bus.

Les deux amis s'apprêtent à partir, mais Jean demande à Pierre :

- Tu n'oublies rien ?

Pierre ne comprend pas.

- Regarde, s'exclame Jean. Ton ordinateur est **allumé** (eingeschaltet), ta télévision est **en veille** (Standby-Modus). Et ta **tablette tactile** (Tablet) n'est pas **éteinte** (ausgeschaltet).

- Je sais, mais ces appareils consomment très peu d'**électricité** (Strom), réplique Pierre.

- Si plusieurs milliards d'**êtres humains** (Menschen) sur Terre font comme toi, ça **aboutit** (führt) à une consommation électrique énorme. Le meilleur moyen de **faire des économies d'énergie** (Energie einsparen), c'est de ne pas **gaspiller** (verschwenden) l'électricté. Et ça ne demande qu'un petit effort d'appuyer sur un **interrupteur** (Schalter).

Pierre est d'accord. Il **éteint ses appareils électriques** (schaltet seine Elektrogeräte aus), puis les deux amis se rendent à l'arrêt de bus.

Assis sur un banc, ils continuent de discuter d'**écologie** (Umwelt).

Jean donne un nouvel exemple à Pierre :

- La mairie organise des conférences pour lutter contre le réchauffement climatique, mais elle **autorise** (genehmigt) l'installation d'**écrans publicitaires** (Werbefenster) qui fonctionnent vingt-quatre heures sur vingt-quatre aux arrêts de bus. **C'est n'importe quoi.** (Das ist ja Quatsch.)

- Tu as raison, je n'y avais jamais pensé. Les **collectivités** ((hier:) Behörden) aussi devraient faire un petit effort.

Le bus arrive, les deux amis montent et Jean dit :

- Le bus va passer devant la boutique dans laquelle je travaille. Je viens de la rénover en respectant toutes les **normes environnementales** (Umweltschutznormen). Je vais te la montrer et tu vas me dire ce que tu en penses... Ah ! la voilà !

Pierre regarde attentivement et donne son avis :

- Ce que j'en pense... C'est que toutes les **lumières** (Lichter) de ta boutique sont restées allumées alors que tu n'y travailles pas...

- Je suis obligé de laisser les lumières allumées pour que les gens la voient même en pleine nuit. Ça me fait de la publicité.

- Quand je n'éteins pas mon ordinateur, tu dis que c'est du **gaspillage** (Verschwendung). Mais quand tu n'éteins pas les lumières de ta boutique, tu appelles ça de la publicité ? Moi, je dis que tu es assez contradictoire, estime Pierre.

- Ce n'est pas faux, répond Jean.

- Et tu crois vraiment que tu auras plus de clients parce que tu as laissé les lumières de ta boutique allumées toute la nuit ?

- Ce n'est pas sûr, en effet...

- Et, malheureusement, tu n'es pas le seul. Regarde tous ces magasins **illuminés** (beleuchtet). Pourtant, ça ne demande qu'un petit effort d'appuyer sur un interrupteur, non ?

Jean ne peut pas dire le contraire.

Lorsqu'ils arrivent devant la salle de la conférence, le smartphone de Pierre sonne. Celui-ci le regarde et **se met à** (beginnt) rire.

- Regarde, Jean. C'est ma sœur qui m'a envoyé une vidéo sur un chat. C'est trop drôle !

Jean regarde la vidéo, puis dit à Pierre.

- Tu sais que les vidéos en streaming **accélèrent** (beschleunigen) le réchauffement climatique ? Elles sont **stockées** ((hier:) gespeichert) sur des serveurs qui ont besoin d'être **refroidis** (abgekühlt), ce qui entraîne une grande **dépense d'énergie** (Energieverbrauch).

- Je ne le savais pas, avoue Pierre. Je n'arrête pas de regarder des vidéos de chats.

- Pourtant, je suis sûr qu'éviter de trop en regarder ne demande qu'un petit effort, non ?

Pierre le reconnaît. Les deux amis entrent ensuite dans la salle pleine et s'installent sur leur siège respectif. Le conférencier arrive sur la scène et commence à parler :

- Bonjour à tous, et merci d'être venus si nombreux. Je vais vous parler du réchauffement climatique et des gestes à faire au quotidien pour le limiter. Premier conseil : ne donnez pas de leçons aux gens qui vous entourent, mais donnez-leur l'**exemple** (Vorbild) de votre bon **comportement** (Verhalten). Je vous promets que ça ne demande qu'un petit effort. Les deux amis se regardent et **éclatent de rire** (brechen in Gelächter aus) !

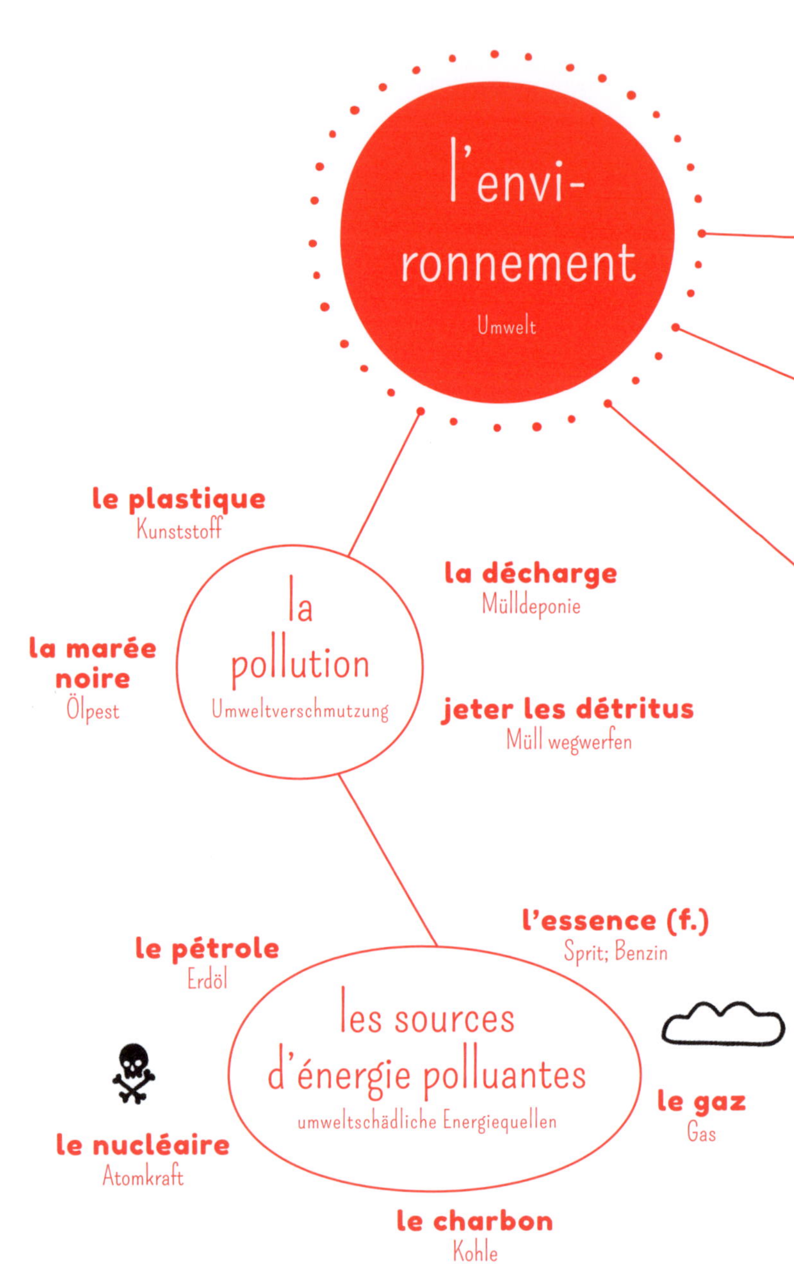
l'environnement
Umwelt
le plastique
Kunststoff
la décharge
Mülldeponie
la pollution
Umweltverschmutzung
la marée noire
Ölpest
jeter les détritus
Müll wegwerfen
l'essence (f.)
Sprit; Benzin
le pétrole
Erdöl
les sources d'énergie polluantes
umweltschädliche Energiequellen
le gaz
Gas
le nucléaire
Atomkraft
le charbon
Kohle

faire des économies d'énergie
Energie einsparen

recycler
recyceln

les bons comportements
richtige Verhaltensweisen

trier les déchets
den Müll trennen

éteindre ses appareils électriques
seine Elektrogeräte ausschalten

réutiliser
wiederverwerten

à éviter
zu vermeiden

gaspiller
verschwenden

laisser les appareils en veille
die Geräte im Standby-Modus lassen

émettre du dioxyde de carbone
Kohlendioxid ausstoßen

le réchauffement climatique
Klimaerwärmung

l'effet (m.) de serre
Treibhauseffekt

la canicule
Hitzewelle

la fonte des glaces
Eisschmelze

la chaleur
Hitze

la sécheresse
Trockenheit

Un concert à la radio

Ce soir, Angèle et son compagnon sont invités par Paolo, un ami
Dirigent Oper
chef d'orchestre, qui ouvre la saison baroque à l'**opéra**.

Opernsängerin
Angèle mène une vie de **cantatrice** inconnue malgré son talent.

- Tu as vu ? Dans le journal, il parle du concert auquel on va assister ce soir, dit-elle à son compagnon Daniel.

- Ah oui ? Et que disent-ils ?

Sopranistin
- C'est assez incroyable car la **soprano** a été remplacée à la dernière minute !

- Ah bon ? lui répond Daniel surpris.

Vertreterin
- Oui, une **remplaçante** a dû prendre l'avion cette nuit des États-Unis...

- Incroyable, dis-donc !

- Oui, surtout que c'est l'ouverture de la saison et que le
Aufführung
spectacle sera même diffusé à la radio par France Musique.

L'opéra sera complet. Heureusement que j'ai mes contacts pour avoir des places ! **se félicite** (freut sich) Angèle.

Daniel se sert un café et Angèle poursuit sa lecture.

– Il y a encore eu un **attentat suicide** (Selbstmordanschlag) qui a fait trente-deux victimes, ajoute-t-elle.

– Oui, merci Angèle, mais ce genre de nouvelle **dont raffolent les médias** (auf die die Medien stehen), tu peux m'en **dispenser** (ersparen), répond-il.

– Une autre nouvelle ! Écoute, c'est **dingue** (verrückt)... Il y a un homme qui **entraîne** (trainiert) son chat depuis deux ans pour battre le record du monde du **saut** (Sprung) le plus long !

– Je préfère que tu me parles d'opéra ! ajoute Daniel **plaintivement** (klagend).

– Allez, j'arrête de t'**embêter** (ärgern), ironise-t-elle. En tout cas, la remplaçante de la chanteuse malade est extraordinaire sur **scène** (Bühne). **J'ai hâte de voir ça !** (Ich freue mich schon darauf!) poursuit Angèle avec enthousiasme.

Le soir, le couple se prépare et met une **tenue de soirée** (Abendkleidung) digne de l'opéra. Quand ils entrent dans les lieux, le **public** (Publikum) est déjà nombreux.

– Bonsoir ! Madame, vos tickets, s'il vous plaît ? demande
Platzanweiser
l'**ouvreur** dans le hall.

Angèle sort de son sac les invitations.

Ihren Platz zuweisen
– Vous êtes invités. Très bien, je vais vous **placer**. Vous avez
l'honneur d'être au premier rang ! ajoute-t-il en souriant.

– Génial ! dit-elle à Daniel qui vient de déposer les manteaux
Garderobe
au **vestiaire**.

– Paolo est vraiment trop aimable avec toi. Je vais commencer à
misstrauisch werden ... scherzend
me méfier de ses intentions, répond Daniel **en plaisantant**.

anziehen
– Ne dis pas de bêtises ! Il a trouvé des chanteurs qui **attirent**
anstatt
le public, c'est normal. Alors, il nous invite gentiment **à défaut**
ein Hauch von Sehnsucht
de me faire chanter, dit-elle avec **un soupçon de regrets**.

La première partie commence et le public apprécie le concert du
Pause
Messie de Haendel. Pendant l'**entracte**, une personne demande
à Angèle de l'accompagner en ajoutant un « c'est très urgent ».
kommt der Bitte nach ... (hier:) Garderobe
Surprise, Angèle **s'exécute** et rejoint la **loge** de l'opéra.

– Bonsoir Angèle, dit le chef d'orchestre, le visage sérieux.

– Bonsoir Paolo, il y a un problème ?

– Oui, nous avons un gros problème. La cantatrice qui est arrivée cette nuit des États-Unis a attrapé un **mal de gorge** (Halsschmerzen) avec la **clim'** (Klimaanlage) de l'avion. À l'heure où je te parle, elle ne peut plus chanter une seule note.

– Quoi ? Quelle catastrophe ! Comment allez-vous faire ? l'interroge-t-elle.

– Et bien, c'est pour cela que je t'ai fait venir. Te sens-tu prête à la remplacer ? dit Paolo en la regardant droit dans les yeux.

– Oui, pourquoi pas ? Enfin non, pas du tout, je ne connais pas les morceaux ! dit Angèle dans la **confusion** (Verwirrung).

– Je suis sûr que tu peux le faire et c'est pour cela que je te le demande. Je crois en tes capacités. Tu peux y arriver même si tu ne **maîtrises** (beherrschst) pas les **airs** (Melodien), la rassure le chef d'orchestre.

Paolo lui tend alors la **partition** (Partitur) et Angèle part en coulisse pour la travailler, avec l'aide du **ténor** (Tenor) et d'une **violencelliste** (Cellistin). Angèle répète dans la **précipitation** (Hektik), très rapidement. Un quart d'heure plus tard, la cantatrice se retrouve sur scène, les mains **tremblantes** (zitternd).

Le concert reprend. Angèle est très nerveuse au début, mais sa **voix se libère** (Stimme entfaltet sich) progressivement malgré le stress et le

Herausforderung
défi lancé par le chef d'orchestre. Elle quittera la scène mit stürmischem Beifall
sous les ovations du public après avoir interprété toute la deuxième partie du concert.

Après beaucoup d'émotion, elle rentre chez elle avec son compagnon qui ne cesse de la féliciter.

- Tu as été extraordinaire, ma chérie !

- Je te remercie. Quelle expérience magique !

Daniel s'endort, mais Angèle reste éveillée jusqu'à trois heures du matin à cause de la Adrenalinschub **montée d'adrénaline** lors de cette aventure.

Le lendemain matin, le couple se réveille et Daniel allume la radio en préparant le petit-déjeuner.

- Viens vite, Angèle, on parle de toi !

- Quoi ? hurle-t-elle (hier:) neugierig **intriguée** en s'approchant du Radiogerät **poste**.

« ... cette histoire extraordinaire a permis à la jeune Angèle Froget de remplacer unvorbereitet **au pied levé** la Solistin **soliste** qui n'avait plus de voix. *Le Messie* de Haendel est en écoute sur le podcast de Radio France... »

- C'est incroyable ! Les médias vont te rendre célèbre, ajoute-t-il en la regardant tendrement.

Quelques heures plus tard, le téléphone **ne cesse de sonner** (klingelt ununterbrochen) et Angèle se retrouve **débordée** (überfordert) par les propositions : la télé, la radio, tout le monde veut l'inviter pour qu'elle raconte cette aventure incroyable.

Daniel **la complimente** (macht ihr Komplimente) encore.

- Tu vois, toi qui te plaignais de ne pas être assez connue, je crois que tu vas bientôt avoir trop de demandes ! Les médias savent aussi faire du bon travail quand les nouvelles sont bonnes ! dit-il en la **serrant dans ses bras** (umarmt).

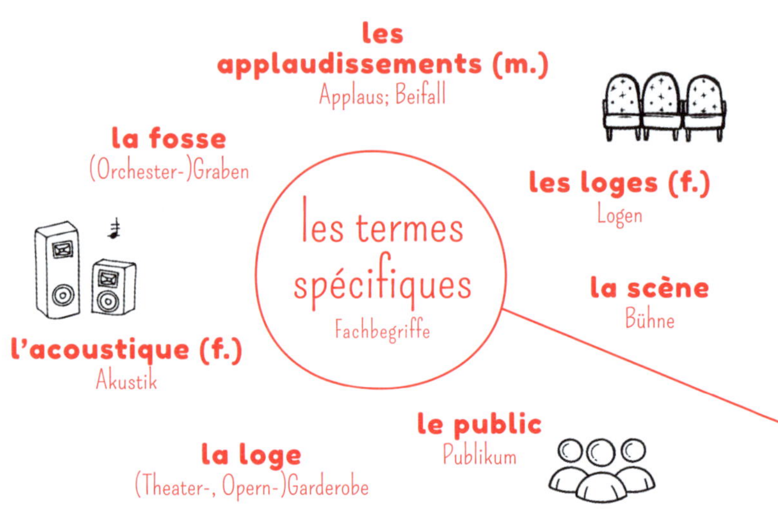
les applaudissements (m.)
Applaus; Beifall
la fosse
(Orchester-)Graben
les loges (f.)
Logen
les termes spécifiques
Fachbegriffe
la scène
Bühne
l'acoustique (f.)
Akustik
le public
Publikum
la loge
(Theater-, Opern-)Garderobe

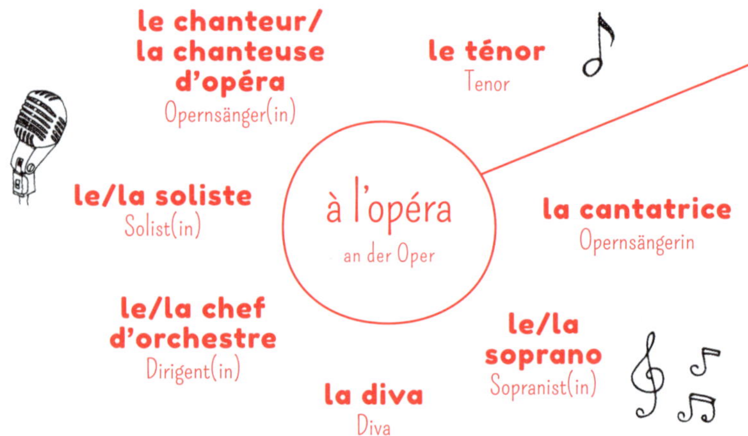
le chanteur/
la chanteuse
d'opéra
Opernsänger(in)
le ténor
Tenor
le/la soliste
Solist(in)
à l'opéra
an der Oper
la cantatrice
Opernsängerin
le/la chef
d'orchestre
Dirigent(in)
le/la
soprano
Sopranist(in)
la diva
Diva

les spectacles culturels

kulturelle Aufführungen

différents lieux

unterschiedliche Orte

le concert
Konzert

le théâtre
Theater

le spectacle de rue
Straßenspektakel

le café-concert
Café mit Live-Konzerten

l'opéra (m.)
Oper

le café-théâtre
Café mit Kabarett

la voix

Stimme

la voix de tête
Kopfstimme

les cordes (f.) vocales
Stimmbänder

la voix de poitrine
Bruststimme

le timbre
Timbre; Klang

le vibrato
Vibrato

Ça porte malheur

- Mais que t'est-il arrivé ?

Héloïse n'en croit pas ses yeux. Son mari Julien vient de rentrer. Il est **trempé** (durchnässt) de la tête aux pieds, **boite** (humpelt) et a le bras droit dans le **plâtre** (Gips). Pourtant, ce matin, quand Héloïse est partie travailler, Julien était en parfaite santé.

- Je vais t'expliquer, répond Julien. Mais, s'il te plaît, peux-tu m'aider à enlever mon manteau ?

Quand Julien a enlevé son manteau, retiré ses chaussures et changé de vêtements, il s'assoit dans le canapé du salon, à côté de sa femme. Il lui raconte alors sa journée.

Tu te souviens que j'avais invité Dorian à déjeuner ce midi. Quand il est arrivé, il **s'est exclamé** (hat laut gerufen) en voyant mon parapluie que j'avais posé dans la cuisine :

- Tu es fou ou quoi ? **Ça porte malheur** (Es bringt Unglück) de laisser un

parapluie ouvert (offener Regenschirm) dans une maison.

– Le parapluie était très mouillé car j'ai subi une grosse **averse** (Regenschauer) ce matin en allant chercher du pain à la boulangerie. Et il **sèche** (trocknet) plus vite en le laissant ouvert.

Dorian est très **superstiteux** (abergläubisch) et avait presque l'air de **paniquer** (in Panik geraten). J'ai donc ramassé le parapluie. Mais quand je l'ai **plié** (gefaltet), il s'est refermé brusquement et a **pincé** (gezwickt) mon **pouce** (Daumen). C'était très **douloureux** (schmerzhaft). J'ai donc **rouvert** (wieder geöffnet) le parapluie, mais celui-ci a tapé le miroir de la cuisine, qui s'est cassé. Dorian s'est à nouveau exclamé :

– Sept ans de malheur !

– Je ne suis pas superstieux, lui ai-je répondu.

– Tu devrais ! m'a-t-il dit. Tu as laissé ton parapluie ouvert dans la maison. Et maintenant ton pouce est blessé à cause du **miroir brisé** (zerbrochener Spiegel).

– Ça ne serait pas arrivé si j'avais laissé le parapluie ouvert, lui ai-je rappelé.

Ensuite, en ramassant les **bouts de verre** (Glassplitter) tombés par terre, je me suis coupé à l'**index** (Zeigefinger).

Puis nous nous sommes mis à table et Dorian a crié :

– Il ne faut jamais laisser le pain **à l'envers** (verkehrt herum). Ça porte malheur !

Pour lui faire plaisir, j'ai remis le pain **à l'endroit** (richtig herum), mais j'ai fait tomber le sel avec mon **coude** (Ellbogen). Dorian a crié à nouveau :

– Tu ne sais pas que le **sel renversé** (verschüttetes Salz), ça porte malheur ?

J'ai préféré ne rien dire car il commençait à m'énerver. Je me suis levé pour aller chercher une **éponge** (Schwamm). À l'endroit où j'avais nettoyé le miroir cassé, le **sol** (Boden) était encore humide et **glissant** (rutschig). Je suis tombé et je **me suis foulé la cheville** (habe mir das Fußgelenk verstaucht). Dorian m'a regardé, puis a dit :

– Je t'avais bien dit que le pain à l'envers et le sel renversé, ça portait malheur.

– **Il ne me serait rien arrivé** (Mir wäre nichts passiert) si j'avais laissé le pain à l'envers, lui ai-je répondu, en colère.

Dorian m'a aidé à **me relever** (wieder aufstehen). J'avais mal à la cheville, mais je pouvais marcher. Ça ne devait pas être trop grave. Nous avons donc fini de manger. Nous sommes ensuite allés travailler à vélo. J'étais content car je n'avais pas mal à la cheville **en pédalant** (beim Radeln). Soudain, Dorian a **hurlé** (gebrüllt) :

– Attention !

De peur, j'ai **freiné** [gebremst] brutalement, mais j'ai **heurté** [angefahren] le **trottoir** [Bordsteinkante]. Alors, j'**ai fait un vol plané** [bin in hohem Bogen geflogen] au-dessus du vélo. **Au moment d'atterrir** [Bei der Landung], j'ai entendu un **craquement** [Knacken] inquiétant dans mon bras, puis j'ai ressenti une très vive douleur. En m'entendant **gémir** [wimmern], Dorian a posé son vélo et a couru vers moi. Il a dit :

– J'ai vu un **chat noir** [schwarze Katze] traverser la route. Ça porte malheur. Comment tu vas ?

– Je crois que je me suis cassé le bras, lui ai-je répondu.

Dorian a donc appelé les **secours** [(hier:) Notarzt]. Quand ils sont arrivés, nous avons laissé sur place nos vélos et sommes montés dans l'ambulance. **Sur le trajet** [Unterwegs], Dorian **a osé** [hat es gewagt] me dire :

– Les chats noirs, ça porte toujours malheur. La **preuve** [Beweis] : nous en voyons un et, la seconde d'après, tu te blesses…

– C'est faux ! lui ai-je répliqué avec colère. Je me suis blessé parce que tu as crié. Si tu n'avais pas réagi ainsi, le chat noir aurait traversé la route tranquillement. Et je serais en ce moment en train de travailler au bureau…

– Mais c'est peut-être le **mauvais sort** [Fluch]…

- **Tais-toi !** (Sei still!) Je ne veux plus t'entendre.

Aux **urgences** (Notaufnahme), après deux heures et demie d'attente, j'**ai passé une radio** (wurde geröngt). Mon bras était bien cassé. Les médecins l'ont plâtré. Je suis ensuite sorti de l'hôpital avec Dorian.

Nous avons marché **en silence** (stillschweigend) sur le trottoir. Je n'avais pas envie de lui parler même s'il m'avait attendu tout l'après-midi.

Il a fini par demander :

- Tu es en colère contre moi ?

Je l'ai regardé un instant, puis je lui ai répondu honnêtement :

- Oui. Si tu n'étais pas aussi superstitieux, mes mains n'auraient pas de **coupures** (Schnittwunden), ma cheville ne serait pas foulée et mon bras ne serait pas cassé.

- Comment peux-tu dire ça ? Tu as ouvert un parapluie dans une maison, cassé un miroir, mis le pain à l'envers sur la table, renversé le sel et nous avons croisé un chat noir. C'est logique que tu aies la **guigne** (Pech).

- Logique ? Mais la **superstition** (Aberglaube) n'a rien de logique. Et je vais te le **prouver** (beweisen).

Sur le trottoir devant nous, il y avait une **échelle** (Leiter) posée contre un mur. Quand je me suis approché, Dorian m'a dit :

- Tu ne devrais pas passer au-dessous, ça porte malheur.

- JE NE SUIS PAS SUPERSTITIEUX !

Et je suis passé sous l'échelle. À ce moment précis, la pluie a commencé, d'abord doucement, puis de plus en plus fort. Je n'arrivais pas à y croire. En cinq minutes, nous étions complètement trempés. Dorian m'a alors déclaré :

- Je te l'avais bien dit !

Que pouvais-je répondre à ça ?

Héloïse regarde Julien avec un petit sourire et lui suggère :

- Avec tous les malheurs que tu as vécus aujourd'hui, ne penses-tu pas que Dorian pourrait avoir raison ?

- Non ! C'est de la **malchance** (Pech), c'est tout. La seule chose qui m'a porté malheur aujourd'hui, c'est la superstition de Dorian.

- Pourtant… Julien, sais-tu quel jour on est aujourd'hui ?

- Bien sûr, on est vendredi. Et alors ?

- Alors ? On est le **vendredi 13** (Freitag, der 13.) !

toucher du bois
auf Holz klopfen

la patte de lapin
Hasenfuß

ça porte bonheur
das bringt Glück

croiser les doigts
Daumen drücken

le trèfle à 4 feuilles
vierblättriges Kleeblatt

le fer à cheval
Hufeisen

les superstitions
Aberglaube

le miroir brisé
zerbrochener Spiegel

le vendredi 13
Freitag, der 13.

ça porte malheur
das bringt Unglück

le sel renversé
verschüttetes Salz

le parapluie ouvert
offener Regenschirm

le chat noir
schwarze Katze

le pain à l'envers
verkehrt herumliegendes Brot

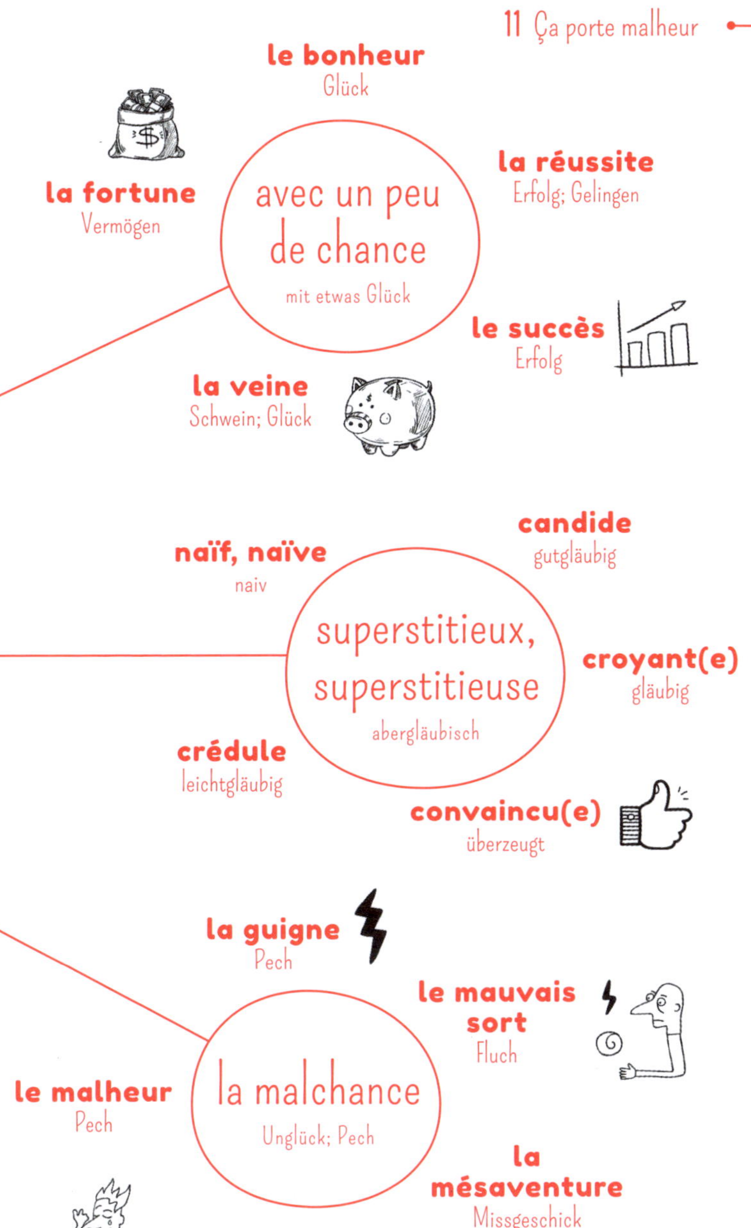

le bonheur
Glück

la fortune
Vermögen

avec un peu de chance
mit etwas Glück

la réussite
Erfolg; Gelingen

le succès
Erfolg

la veine
Schwein; Glück

candide
gutgläubig

naïf, naïve
naiv

superstitieux, superstitieuse
abergläubisch

croyant(e)
gläubig

crédule
leichtgläubig

convaincu(e)
überzeugt

la guigne
Pech

le mauvais sort
Fluch

le malheur
Pech

la malchance
Unglück; Pech

la mésaventure
Missgeschick

l'incident (m.)
Unglück; Zwischenfall

La compagnie

Jeanine a soixante-treize ans et vit dans un appartement en Pariser Vororte **banlieue parisienne** avec son Katze **chat** Filou. Vers dix heures, la sonnette läutet **retentit**.

– Bonjour Madame, j'ai un Päckchen **colis** pour vous, dit le facteur à l'Sprechanlage **interphone**.

– Très bien, je vous ouvre, c'est au troisième étage, porte C.

« Ton petit manteau pour l'hiver est arrivé Filou ! » poursuit-elle en parlant à Filou.

Le livreur lui donne le colis contre sa Unterschrift **signature**. Elle ferme la porte et défait le carton d'Verpackung **emballage**.

– Oh, la belle Kleidung **tenue** en tartan ! Filou ? Viens-là, Mieze **minou**... Mais où es-tu passé ?

Comme d'habitude, Jeanine schüttelt den Fressnapf **secoue la gamelle** du chat pour l'attirer avec la nourriture, une List **ruse** efficace habituellement.

Mais Filou ne vient pas et pendant vingt minutes, la pauvre femme le cherche **en vain** (vergeblich). Alors, **il lui vient à l'esprit** (fällt ihr ein) la venue du facteur : elle a laissé sa porte ouverte et le temps de prendre un stylo pour signer pour le colis, Filou a dû partir sans qu'**elle ne s'en aperçoive** (sie es merkt).

Elle décide de sonner à la porte des voisins, mais personne ne répond. Jeanine va chez sa voisine à l'étage du dessous. Son **chien** (Hund) Rex se fait entendre dès qu'elle sonne à la porte.

- Bonjour Mireille. Tu n'aurais pas vu Filou **par hasard** (zufällig) ? Je suis inquiète. Je le cherche partout et j'ai bien peur qu'il soit parti, se plaint Jeanine.

- Oh ma pauvre ! Je ne sais pas, je ne suis pas sortie ce matin, alors je ne peux pas te dire, répond la voisine **avec empathie** (mitfühlend). Tu devrais peut-être **déposer des avis de recherche** (Suchanzeigen aufhängen) ? Sur le **panneau** (Tafel) de la **résidence** (Wohnanlage) par exemple ? poursuit-elle.

- Oui, tu as raison, mais moi et les ordinateurs... dit-elle en soupirant.

- Viens avec moi, je vais t'aider.

Devant l'ordinateur, Mireille poursuit :

- On pourrait écrire : « Je suis à la recherche de mon chat, Filou.
Halsband
Il est marron et porte un **collier** de cuir rouge », c'est bien ça ?

- Oui.

Adresse und Telefonnumm
- « Si jamais vous le trouvez... » et là, on met tes **coordonnées**.
Kater
Et si tu as une photo de ton **matou**, ça serait encore mieux !

(hier:) begegnet
Jeanine monte pour prendre une photo chez elle et **croise** son
Etage
voisin de **palier**.

- Bonjour ! À tout hasard, vous n'auriez pas vu Filou, mon chat ?
verzweifelt
Je le cherche **désespérément** depuis ce matin.

- Ah non désolé, j'ai fait quelques courses et je viens de rentrer. Je ne l'ai pas vu. Je sonnerai chez vous si jamais je l'aperçois, la rassure-t-il.

holt
Jeanine **récupère** une photo dans son logement et redescend chez sa voisine. Une fois que l'image est scannée, elles
druckt Blätter
impriment vingt **feuilles** de l'avis de recherche.

Tesafilm® Schildchen
Jeanine, armée de son **scotch**, dépose des petites **affichettes** un peu partout dans l'immeuble, puis dans le quartier, en espérant le retrouver.

den geringsten
La journée se passe sans **le moindre** coup de téléphone.

Le lendemain, un appel lui redonne espoir, mais ce n'est que sa sœur qui prend des nouvelles.

Weggefährte
- Mon **compagnon de route** n'est plus là. Je suis triste. J'espère
Hörer
qu'il ne lui est rien arrivé, se plaint Jeanine au **combiné**.

- Tu sais, il s'est passé la même chose avec mon Mistigri et je l'ai retrouvé. Il s'était promené je ne sais où. Alors, ne perds pas
ermutigt
espoir ! l'**encourage** sa sœur.

findet sich damit ab
Au bout de deux semaines, elle **se résoud à l'idée** que Filou a disparu mais sa présence lui manque. Elle décide d'aller à la
Tierheim
*SPA. Le **refuge animalier** offre à Jeanine la possibilité de
Tiere
trouver un nouveau compagnon. Parmi les **animaux**, elle
wirft ein Auge auf / Schnauze
jette son dévolu sur un petit chat blanc au **museau** noir.

Hütte
- C'est lui que je veux ! dit-elle en sortant l'animal de la **niche** réservée aux chatons.

Wurf / geimpft
- Très bien ! Il est d'une **portée** récente, il est **vacciné** et très
frech
coquin, dit en souriant la personne du refuge.

Jeanine rentre chez elle avec lui et décide de l'appeler Tigrou.
Raubkatze / wird heimisch
Le **félin s'acclimate** rapidement à l'appartement. Il est très
verschmust
affectueux et joueur.

– Pour la petite veste d'hiver en tartan, il va falloir que je trouve autre chose ! Elle est bien trop grande pour toi, mon Tigrou, dit-elle à son chat qui donne des coups de **pattes** (Pfoten) sur une petite balle en **bondissant** (springt) avec **fougue** (mit Schwung).

Les semaines passent et Jeanine retrouve peu à peu la joie de vivre avec son **animal de compagnie** (Haustier).

Un soir, elle prépare son dîner et sert un **bol** (Schälchen) de lait à Tigrou. Soudain, on sonne à la porte. C'est Mireille, la voisine du dessous.

– Jeanine, tu ne vas pas me croire, mais j'ai retrouvé ton chat !

– Filou ? Ce n'est pas possible !

– **Je te jure !** (Ich schwöre!) Je me promenais dans la rue lorsque j'ai vu Filou dans les bras d'un homme. Je lui ai parlé et expliqué qu'il était à toi. L'homme est très **compréhensif** (verständnisvoll).

– C'est formidable ! sourit Jeanine.

– Alors voilà son numéro. **Tu n'as plus qu'à** (Du brauchst nur noch) l'appeler ! ajoute sa voisine.

Jeanine **s'empresse** (beeilt sich) d'appeler l'homme qui s'est occupé de son chat. Elle lui **prouve sa bonne foi** (beweist ihre Aufrichtigkeit), le collier rouge et

Kennzeichnung per Tätowierung
l'**identification par tatouage** ne laissant pas de place au doute.

Le rendez-vous est pris le lendemain chez elle.

vereinbart
À l'heure **convenue**, elle retrouve avec bonheur Filou. L'homme
vom Himmel gesandt
providentiel lui demande avec sympathie :

- Madame, serait-il possible que je rende visite à Filou de temps
pensioniert
en temps ? Je suis **à la retraite** et je vis seul, alors je me suis habitué à sa compagnie.

- Mais bien entendu, Monsieur, je comprends parfaitement, accepte la vieille dame.

Besuchsrecht
Le **droit de visite** se transforme rapidement en visite quotidienne. Six mois plus tard, Jeanine et ses deux chats
Dach
accueillent sous leur **toit** une nouvelle compagnie !

* **SPA** ist die Abkürzung für 'société protectrice des animaux', einem Tierheim oder auch Tierschutzverein.

le refuge animalier
Tierheim
le terrarium
Terrarium
l'écurie (f.)
Stall
l'abris animalier
Unterschlupf für Tiere
l'aquarium (m.)
Aquarium
le clapier
Kaninchenstall
la niche
(Hunde-, Katzen-)Hütte
la cage
Käfig
la volière
Voliere
l'apiculteur, l'apicultrice
Imker(in)
le/la vétérinaire
Tierarzt(-ärztin)
des métiers avec les animaux
Berufe mit Tieren
le toiletteur, la toiletteuse
Hundefrisör(in)
le/la pet-sitter
Haustiersitter(in)
le palefrenier, la palefrenière
Pferdepfleger(in)
l'éleveur, l'éleveuse
Züchter(in)

le serpent
Schlange
la perruche
Wellensittich
le cochon d'Inde
Meerschweinchen
des animaux de compagnie
Haustiere
le chat
Katze
le poisson rouge
Goldfisch
le chien
Hund
les mammifères (m.)
Säugetiere
les amphibiens (m.)
Amphibien
les animaux
Tiere
les oiseaux (m.)
Vögel
les insectes (m.)
Insekten
les reptiles (m.)
Reptilien
les poissons (m.)
Fische
l'animal domestique
Haustier

De la souplesse dans le travail

Le **réveil** (Wecker) a sonné. David ouvre les yeux, mais n'a pas envie de se lever. Pendant ce temps, Lucile, sa femme, éteint le réveil, se lève et sort de la chambre. David l'entend parler à leur fils, Nathan, puis **se rendort** (schläft wieder ein).

Quand David se réveille enfin, Nathan a déjà pris son petit-déjeuner et est habillé. Lucile **s'apprête** (ist gerade dabei) à l'emmener à l'école, puis à se rendre à son travail. Elle lui demande :

- Tu iras chercher Nathan ce soir ?

- Oui. **Je m'en occupe.** (Ich kümmere mich darum.)

Lorsque sa femme et son fils **s'en vont** (fortgehen), David est toujours en **peignoir** (Bademantel). Il allume son ordinateur, puis se prépare un café. Il est déjà neuf heures. Il faut qu'il appelle **sans tarder** (unverzüglich) Dorothée, sa **patronne** (Chefin), pour **planifier** (planen) la journée. C'est la secrétaire de Dorothée qui répond car elle n'est pas encore arrivée.

- Peux-tu lui dire de me rappeler dès qu'elle sera là ? demande David.

Un quart d'heure plus tard, le téléphone sonne. C'est Dorothée.

- Bonjour David. Comment allez-vous ?

- Très bien, et vous ?

- Je vais bien. Désolée pour ce **retard** (Verspätung), mais il y avait de gros **embouteillages** (Staus) en ville.

- Je comprends... C'est l'avantage d'être en **télétravail** (Homeoffice). Je n'ai pas de souci de **transports** (Verkehrsmittel).

- Oui, vous avez de la chance. Vous avez avancé sur le **rapport** (Bericht) ?

- Oui, je pense pouvoir le **clore** (abschließen) ce matin. Je **m'organise** (organisiere mich) pour vous l'envoyer par **courriel** (E-Mail) **dans la foulée** (unmittelbar danach).

- Très bien. N'oubliez pas la **visioconférence** (Videokonferenz) à onze heures.

David raccroche le **téléphone** (Telefon), finit son café et se met au travail.

Le temps passe vite, il est déjà onze heures. Heureusement, il a **achevé** (fertiggestellt) le rapport et l'a envoyé, **comme prévu** (wie geplant), avant de **se connecter** (sich einloggen) pour assister à la visioconférence. Tous ses **collègues** (Kollegen) sont déjà assis dans la **salle de réunion** (Meetingraum) et discutent dans une ambiance chaleureuse. Dorothée **prend la parole** (ergreift das Wort) et présente alors un nouveau projet. Elle distribue les rôles pour le **mener à bien** (erfolgreich durchführen). David **sera chargé** (wird beauftragt) de rédiger les **notices** (Anweisungen) et les **plans d'exécution** (Ausführungspläne). Dorothée lui demande aussi d'écrire le **compte rendu** (Protokoll) de la réunion pour le lendemain.

– Pas de problème ! lui répond-il. Vous l'aurez demain à la première heure.

Il est midi trente. La visioconférence **s'achève** (geht zu Ende) et Dorothée annonce :

– Et pour fêter ce nouveau projet, l'entreprise vous invite au restaurant ce midi.

Tous les collègues de David sont ravis. Ils passent tous devant l'**écran** (Bildschirm) pour le **saluer** (begrüßen) avec de grands sourires avant de sortir de la salle. Quand tout le monde est parti, David **se déconnecte** (loggt sich aus). Il n'ira pas au restaurant, mais mangera un **plat surgelé** (Fertiggericht). Le télétravail a ses avantages, mais aussi ses inconvénients…

Après le repas, David **a du mal** (tut sich schwer) à se remettre à travailler.

Il allume la télé en se disant : « Je ne la regarde que pendant une demi-heure. » Finalement, il regarde la télé pendant une heure. « Il est parfois difficile de **se motiver** (sich motivieren) quand on travaille seul », se dit-il. Il retourne devant son ordinateur. À ce moment-là, le téléphone sonne.

– Bonjour. Ici la directrice de l'école. Je vous appelle parce que Nathan est malade. Il a **vomi** (erbrochen) tout son repas.

David va donc chercher immédiatement son fils et le ramène à la maison. Comme il a de la **fièvre** (Fieber), il décide de prendre un rendez-vous chez le médecin. Il a de la chance, celui-ci peut le recevoir dans une heure et demie. En attendant, David **tente** (versucht) de se remettre au travail... Mais quand il est l'heure d'aller chez le médecin, il n'a pas commencé une **ligne** (Zeile) de son compte rendu. Il prend alors son **ordinateur portable** (Laptop) avec lui. Dans la salle d'attente, il **parvient** (schafft es) à travailler un peu. Le médecin les reçoit enfin.

– Rien de grave, un **état grippal** (grippaler Infekt), déclare-t-il. Un peu de repos, et dans quelques jours, tout ira mieux.

Quand il revient chez lui avec son fils, sa femme est déjà là.

Mais il est dix-huit heures ! Le compte rendu est **loin** (bei Weitem nicht) d'être terminé. Et puis, il faut encore préparer à manger, faire le bain de Nathan, accomplir quelques **tâches ménagères** (Haushaltsarbeiten). Il **prévient** (warnt) alors Lucile :

– Je vais devoir travailler ce soir.

– Encore ? lui répond-elle, **agacée** (genervt).

– Je n'ai pas le choix. Je n'avais pas prévu de m'occuper de Nathan tout l'après-midi. Et je dois abolument rendre un compte rendu demain matin.

– Je ne sais pas si c'est une très bonne idée, le télétravail. Depuis que tu as accepté, tu travailles souvent le soir, et même le week-end !

– C'est vrai, **j'en suis conscient** (es ist mir bewusst), reconnaît David. En même temps, j'ai pu gérer facilement Nathan aujourd'hui. Ça n'aurait pas été si simple si je n'étais pas en télétravail.

Lucile n'a pas l'air **convaincue** (überzeugt). Et David a des doutes aussi. D'un côté, il peut **gérer son temps** (seine Zeit einteilen) comme il veut et ne perd pas de temps dans les transports. D'un autre côté, la bonne ambiance avec ses collègues lui **manque** (fehlt) et il se sent parfois **isolé** (isoliert). De plus, il y a souvent quelque chose dans la journée qui le **distrait** (ablenkt) de son travail. Alors, il **est obligé** (muss) de travailler à des moments où il devrait profiter de sa famille.

Ce soir encore, il travaille jusqu'à minuit pour finir son compte rendu. Puis il va se coucher près de sa femme endormie et s'endort aussitôt quand...

... le réveil sonne. David ouvre les yeux, mais n'a pas envie de se lever. Pendant ce temps...

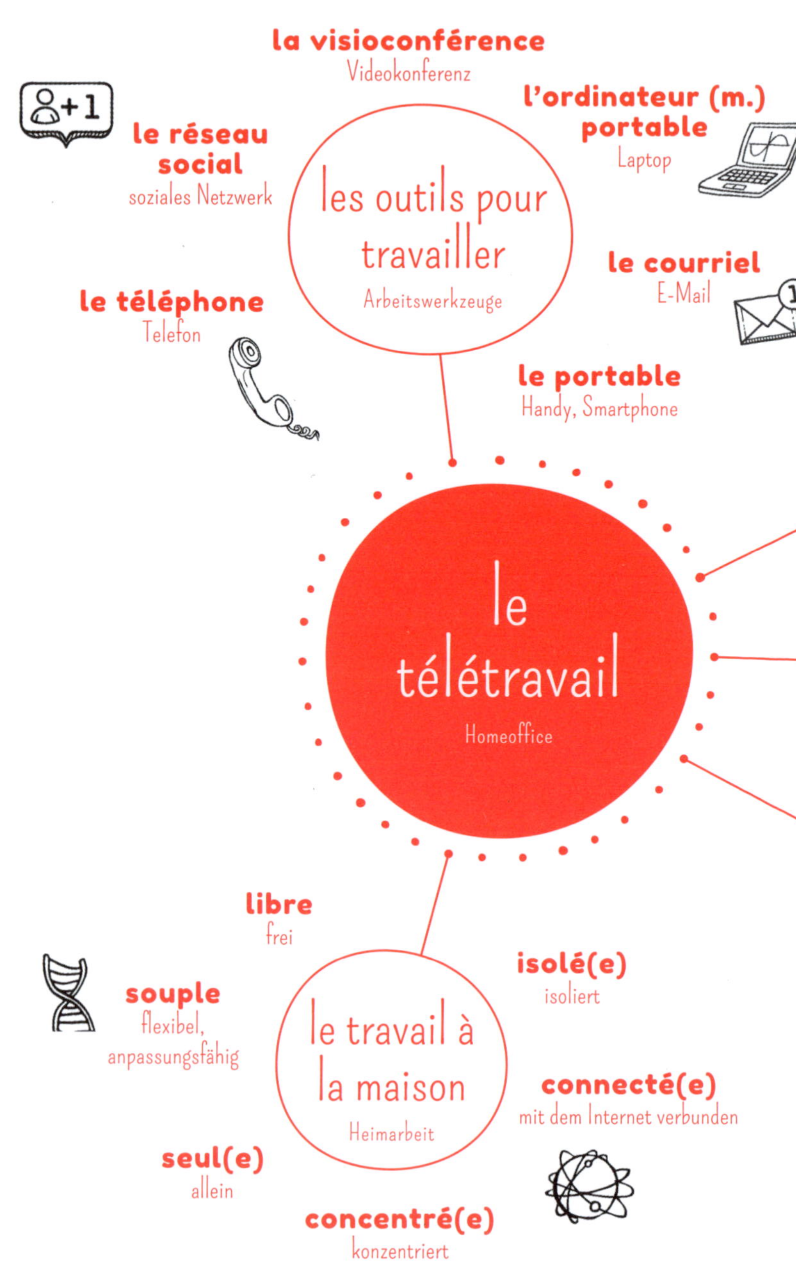
la visioconférence
Videokonferenz
le réseau social
soziales Netzwerk
l'ordinateur (m.) portable
Laptop
les outils pour travailler
Arbeitswerkzeuge
le courriel
E-Mail
le téléphone
Telefon
le portable
Handy, Smartphone
le télétravail
Homeoffice
libre
frei
souple
flexibel, anpassungsfähig
isolé(e)
isoliert
le travail à la maison
Heimarbeit
connecté(e)
mit dem Internet verbunden
seul(e)
allein
concentré(e)
konzentriert

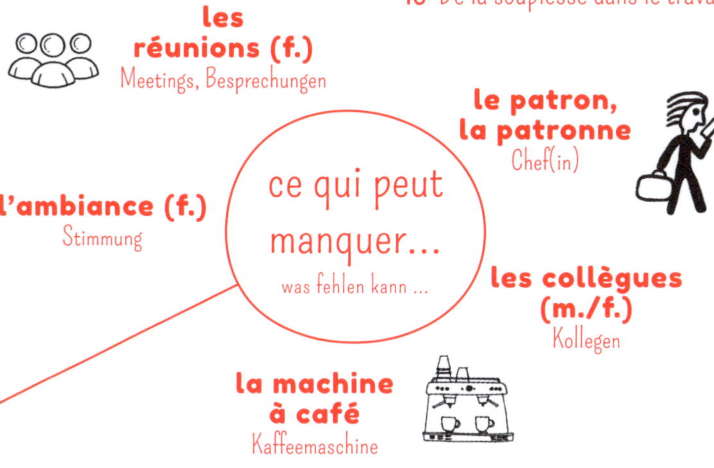

ce qui peut manquer...
was fehlen kann ...

les réunions (f.)
Meetings, Besprechungen

le patron, la patronne
Chef(in)

l'ambiance (f.)
Stimmung

les collègues (m./f.)
Kollegen

la machine à café
Kaffeemaschine

il faut savoir...
das muss man können ...

se motiver
sich motivieren

s'adapter
sich anpassen

gérer son temps
seine Zeit einteilen

s'organiser
sich organisieren

planifier
planen

on peut éviter...
man kann vermeiden ...

les retards (m.)
Verspätungen

le stress
Stress

les transports (m.)
Verkehrsmittel

les embouteillages (m.)
Staus

La journée ordinaire d'une non-voyante

Pascal a l'habitude d'attendre Julie car elle met toujours plus de temps à **se préparer** [sich fertig machen]. Quand elle est prête, il lui ouvre la porte d'entrée, puis appelle l'**ascenseur** [Aufzug]. Au **rez-de-chaussée** [Erdgeschoss], Pascal lui ouvre la porte du **hall d'entrée** [Eingangshalle] et Julie sort. Mais un homme sur une **trottinette** [Roller] tombe devant elle et hurle :

- Vous ne pouvez pas regarder où vous allez ?

En guise de [Anstelle] réponse, Julie lui montre sa **canne blanche** [Blindenstock].

L'homme remonte sur sa trottinette et repart en **répliquant** [erwidert] :

- Ce n'est pas parce que vous êtes **aveugle** [blind] que vous ne devez pas faire attention !

Pascal **s'approche** [kommt näher] de Julie et la **console** [tröstet] :

- Certaines personnes sont vraiment **ignobles** [widerlich].

Julie préfère ne rien dire.

Le couple se rend ensuite chez le boucher. Julie souhaite faire un

(in Rotwein geschmortes) Rindergulasch
bœuf bourguignon. Elle demande au boucher :

- Comment prépare-t-on un bœuf bourguignon ?

Le boucher explique alors cette recette… à Pascal :

in Würfel
- Votre femme doit découper la viande **en cubes** de trois centimètres et les cuire dans du beurre. Puis elle doit ajouter le vin rouge dans…

blind
- S'il vous plaît ! l'interrompt Julie. Je suis **non-voyante**, pas
blöd, ansprechen
imbécile. Vous pouvez **vous adresser** directement à moi…

Le boucher présente ses excuses et continue son explication en parlant à Julie.

Le couple sort de la boutique et se dirige ensuite à la boulangerie. Deux fillettes sont en train d'acheter des bonbons. La plus petite des deux aperçoit Julie et sa canne blanche. Elle demande à la
offensichtlich
plus grande, sa grande sœur **visiblement** :

- Pourquoi la dame a une canne blanche ?

- Parce qu'elle est aveugle, répond son aînée.

La petite fille s'approche alors de Julie et lui demande :

- Madame, comment faites-vous pour manger des bonbons ?

schimpft
La grande sœur **gronde** immédiatement la petite :

– Elle mange des bonbons comme **tout le monde** (alle Leute), avec ses doigts. Elle n'est pas **manchot** (Einarmige).

Cette réponse fait sourire Julie qui dit à la petite fille :

– Et oui, je mange des bonbons comme tout le monde.

Quand le pain est acheté, Julie et Pascal quittent la boulangerie.

Il se met à pleuvoir. Julie propose à Pascal :

– C'est l'occasion d'acheter un nouveau parapluie car l'ancien est cassé. Je m'en occupe pendant que tu vas chez le poissonnier. Nous nous retrouverons à l'appartement.

Julie est seule sur le **trottoir** (Bürgersteig), devant un **passage piéton** (Zebrastreifen).

Soudain, un homme s'approche d'elle, lui prend la main et l'aide à **traverser** (überqueren) la rue. De l'autre côté, Julie lui dit :

– C'est très gentil de votre part, mais je ne voulais pas traverser...

– Je suis désolé, répond l'homme. Vous étiez devant le passage piéton. Je pensais que vous vouliez traverser...

– Ce n'est pas grave, le rassure-t-elle. Mais pouvez-vous m'aider maintenant à retraverser la **chaussée** (Fahrbahn) ?

L'homme **acquiesce** (nickt). Julie peut alors se rendre à la boutique de parapluies. Devant le **comptoir** (Theke), elle demande un parapluie à un homme qui lui dit :

- Quelle est votre couleur préférée ?

Ich werde mir schwer tun
- **Je vais avoir du mal** à vous répondre, dit Julie.

Le vendeur se retourne vers elle et s'aperçoit qu'elle est aveugle.

Il présente lui aussi ses excuses :

Blindheit
- Je suis vraiment désolé. Je n'avais pas remarqué votre **cécité**.

Julie le rassure :

- Ne vous inquiétez pas. Vous avez réagi comme si je n'étais pas
behindert
invalide. Croyez-moi, c'est rare.

begegnet
Sur le chemin du retour, Julie **croise** un couple d'amis qu'elle n'a pas vu depuis longtemps : Sarah et Guillaume. Ils commencent à discuter. Sarah dit alors à Julie :

- Ça fait longtemps que tu n'es pas venue chez nous ?

- Oui, ajoute Guillaume en riant, ça fait longtemps que tu n'es pas venue nous VOIR.

Sinn für Humor
- Tu n'as pas perdu ton **sens de l'humour**, Guillaume,
stellt fest
constate Julie.

Sarah reprend la parole :

- Si vous êtes libres, Pascal et toi. Nous vous invitons samedi soir prochain. Tu es d'accord, Guillaume ?

- Évidemment, approuve-t-il. Comme ça, Julie, tu pourras VOIR notre nouvelle **déco** (Einrichtung).

Et il se remet à rire. Julie répond alors, **agacée** (verärgert) :

- Je sais **faire preuve d'autodérision** (Selbstironie zeigen), mais je trouve ton humour **déplacé** (unangebracht). Tu fais toujours la même **blague** (Witz) avec moi. À la fin, ça devient **désagréable** (unangenehm).

Sarah **approuve** (stimmt zu) Julie. Guillaume est **embarrassé** (verlegen). Lui aussi, il présente ses excuses.

Avant de leur dire au revoir, Julie leur dit :

- C'est noté pour samedi soir prochain. J'en parle à Pascal et je vous appelle pour confirmer.

Puis, avant de partir, elle dit à Guillaume :

- Je suis impatiente de voir votre nouvelle déco...

Quand elle arrive devant le hall d'entrée de l'immeuble, Pascal est là lui aussi. Il lui dit avec un air **réjoui** (fröhlich) :

- Je vois que tu as acheté un parapluie vert.

- Je savais que ça allait te **plaire** (gefallen). Sinon, j'ai rencontré Sarah et Guillaume qui nous invitent à dîner chez eux samedi soir.

Tu es d'accord ?

Pascal ne répond pas.

- Pourquoi ne réponds-tu pas, Pascal ? lui demande Julie.

schätze Gesellschaft
- Parce que je n'**apprécie** pas beaucoup la **compagnie** de

fragwürdig über dich
Guillaume avec ses blagues **douteuses sur ton compte**.

- Tu as raison. Il en a d'ailleurs fait deux tout à l'heure. Mais

je lui en ai fait la remarque, et il semblait sincèrement désolé.
Im Grunde genommen boshaft
Au fond, je crois qu'il ne fait pas de blagues **méchamment**.

- Peut-être, répond Pascal, mais je suis sûr qu'il
wird es wieder tun es regt mich auf!
va recommencer, et **ça m'énerve !**

- S'il fait encore une mauvaise blague parce que je suis aveugle,

tu n'auras qu'à lui faire une bonne blague sur le fait qu'il
fehlt
manque d'intelligence.

- C'est une bonne idée...

- ... et ça ne devrait pas être trop difficile à trouver ! conclut Julie

en riant.

la rééducation
Rehabilitation

le traitement
Behandlung

les possibilités
Möglichkeiten

la thérapie
Therapie

la cure
Kur

la médication
medikamentöse Behandlung

tétraplégique
querschnittsgelähmt

amputé(e)
amputiert

impuissant(e)
körperbehindert, gelähmt

handicapé(e)
behindert

infirme
behindert, gelähmt

invalide
behindert, invalid

le fauteuil roulant
Rollstuhl

la canne blanche
Blindenstock

le matériel
Material

la rampe d'accès (accessible à tous)
(barrierefreie) Rampe

la commande vocale
Sprachsteuerung

la prothèse
Prothese

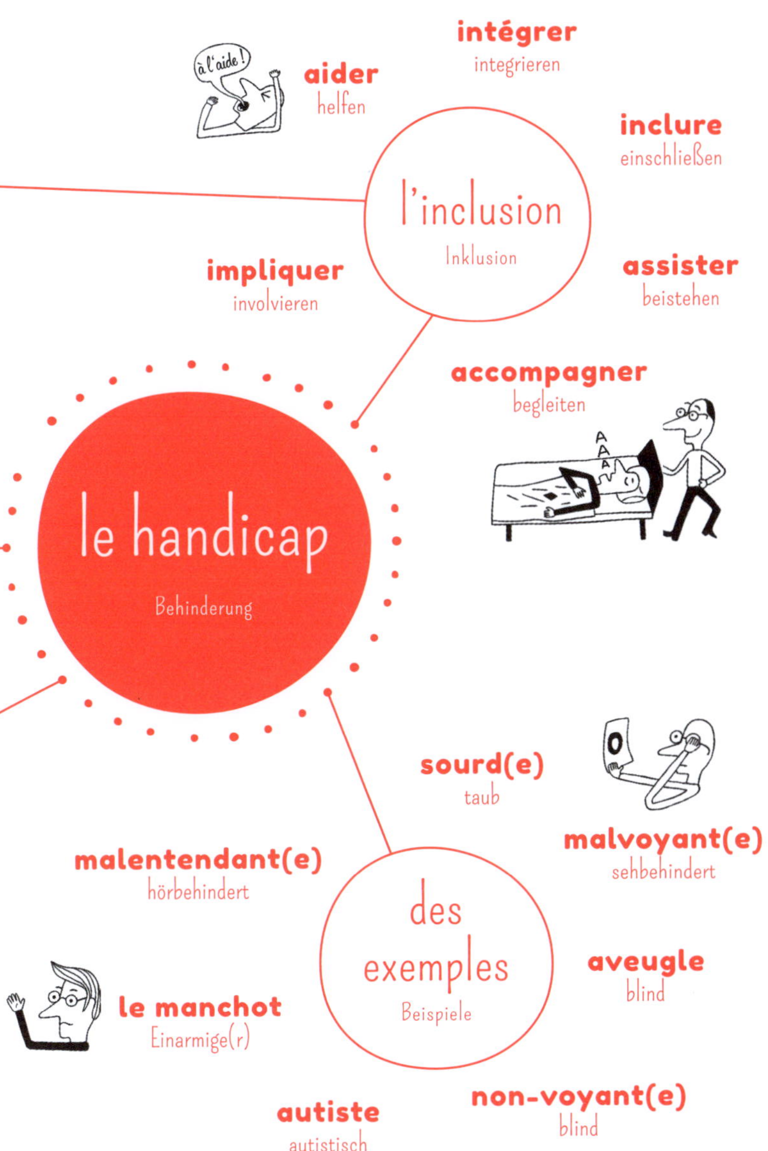
à l'aide !
aider
helfen
intégrer
integrieren
inclure
einschließen
l'inclusion
Inklusion
impliquer
involvieren
assister
beistehen
accompagner
begleiten
le handicap
Behinderung
sourd(e)
taub
malvoyant(e)
sehbehindert
malentendant(e)
hörbehindert
des exemples
Beispiele
aveugle
blind
le manchot
Einarmige(r)
autiste
autistisch
non-voyant(e)
blind

Un contrat à signer

Praktikum Unternehmen
Gaëtan va faire un **stage** en **entreprise** dans le cadre de ses études. Son père doit le conduire en voiture, à cent kilomètres de la maison familiale.

Praktikant
– Alors ça y est, tu es prêt à devenir **stagiaire** ? le questionne-t-il après le dîner.

Uni
– Oui, et ça me changera des bancs de la **fac** !

– Ils fabriquent des vêtements, c'est ça ?

– Oui, c'est une des rares entreprises qui produit des vêtements

Baumwolle Industrie
en **coton** bio, dans le respect de la nature. L'**industrie** textile

unter den umweltschädlichsten
est la deuxième **parmi les plus polluantes** au monde.

Unmittelbar Erdöl
Juste après le **pétrole** ! ajoute Gaëtan.

– Je te reconnais bien là, mon fils, avec tes idées écologiques…

im Einklang mit
Mais tu as raison. Si on fait un métier **en accord avec** ses

Überzeugungen
convictions, on a plus de chance de réussir, dit-il

liebevoll
avec affection.

- Je suis ravi de découvrir cette usine et l'Image **image de marque** qu'elle défend... J'espère que ça va me plaire, conclut-il avant d'aller se coucher.

Le lendemain, le père de Gaëtan le dépose à l'entrée de l'entreprise. Le jeune homme ouvre la porte et une Sekretärin **secrétaire** lui demande :

- Bonjour Monsieur, vous avez rendez-vous ?

- Oui, je dois faire un stage avec Thierry Dupont.

- D'accord. Asseyez-vous, je vais l'appeler, dit-elle während sie abnimmt **en décro-chant** son téléphone.

L'homme arrive cinq minutes plus tard, l'air fröhlich **jovial**.

- Bonjour Gaëtan ! On s'est déjà parlé au téléphone, mais me voici en höchstpersönlich **chair et en os** ! Bienvenu dans l'entreprise, le salue-t-il d'une poignée de main männlich **virile**.

- Bonjour et merci de votre accueil, répond Gaëtan en se levant, un peu intimidé.

- Je suis ton maître de stage pour quelques semaines.

Pour commencer, on va faire une visite de l'entreprise.

Gaëtan **suit** (folgt) Thierry qui semble à l'aise dans cet exercice.

- Tu as vu Clarisse, l'hôtesse d'accueil. Là, derrière, il y a le bureau du **comptable** (Buchhalter) pour la **gestion des finances** (Finanzmanagement). D'ailleurs, tu iras le voir pour **signer** (unterzeichnen) ton contrat de stage quand on aura fini la visite.

- D'accord, se contente de dire Gaëtan en voyant la porte fermée.

- Et là, c'est la porte du ***PDG** (Geschäftsführer), **chuchote** (flüstert)-t-il en souriant. Viens avec moi, je vais t'emmener dans les bureaux qui nous concernent.

Ils montent à l'étage où, dans un open space, trois personnes travaillent sur leurs ordinateurs.

- On va se faire discret... dit Thierry doucement **en se mettant debout** (während er sich hinstellt) sur une chaise, les mains en **porte-voix** (Megaphon).

« Chers **collaborateurs** (Mitarbeiter), je vous présente Gaëtan, mon nouveau stagiaire ! » dit-il en souriant sous le regard surpris et amusé de ses collègues.

Gaëtan les salue. Ils ont tous un mot sympathique pour lui.

- Ici, c'est le **pôle** [(hier:) Zentrum] de conception où les **graphistes** [Grafiker] font les dessins que tu retrouves sur les vêtements de la marque.

Il lui montre un **tableau** [Tafel] où sont collés des **croquis** [Skizzen].

- Voilà les créations qui sont à valider. On fait un **vote à la majorité** [Mehrheitsentscheidung] au sein de l'équipe et avec le PDG.

Gaëtan regarde les formes sur le tableau pendant que Thierry poursuit :

- Et ici, ce sera ton ordinateur pour nous aider, enfin, surtout pour m'aider ! dit-il en souriant.

Après un quart d'heure de présentation du travail, Thierry le conduit dans l'**atelier de fabrication** [Fertigungswerkstatt] où une **machine** [Maschine] est en pleine **impression** [Druck] de **tissu** [Stoff].

- C'est le nouveau tee-shirt qui a été validé avec les collègues.

- Quelle machine incroyable ! constate Gaëtan.

- Oui ! Elle utilise des **encres végétales** [Tinten auf pflanzlicher Basis] et tous les vêtements sont en coton bio. Nous faisons attention à l'**approvisionnement** [(hier:) Einkauf] aussi bien sur le plan éthique que sur le plan écologique. C'est le **savoir-faire** [Know-how] de la marque ! ajoute fièrement Thierry.

Trois **ouvriers** (Arbeiter) sont chargés du bon fonctionnement des machines et préparent les **carnets de commandes** (Auftragsbücher).

Ensuite, Thierry emmène Gaëtan vers le pôle commercial et communication.

- Voici Sonia, la reine de la communication et des ventes sur les **réseaux sociaux** (soziale Netzwerke), dit-il en la saluant.

- Bonjour ! Et bienvenu chez nous ! Sur la route, il y a des **commerciaux** (Vertriebsmitarbeiter) qui vendent les produits dans les **enseignes distributrices** (Vertreiber) de notre marque.

Elle lui explique le travail en lui montrant sur un écran la carte de France avec tous les points de vente **répertoriés** (aufgelistet).

- Si tu veux bien me suivre, on va aller dans le studio photo. Tu as de la chance, il y a une **séance** (Shooting) aujourd'hui ! Tu vas voir comment on **met en avant** (vorbringt) les produits, ajoute Sonia.

Gaëtan et Thierry la suivent mais lorsqu'ils ouvrent la porte, la photographe **fait une drôle de tête** (zieht ein komisches Gesicht).

- Bonjour Carla ! Je te présente Gaëtan qui est le stagiaire de Thierry. Ça ne va pas ?

- Salut. J'ai un gros problème... j'ai programmé la séance photo aujourd'hui, mais le **mannequin** (Model) ne peut pas venir. C'est très embêtant parce que la **campagne de publicité** (Werbekampagne) doit commencer demain sur les réseaux sociaux ! Sans photos, ça va être très compliqué… s'inquiète-t-elle.

Mais lorsqu'elle voit Gaëtan, elle a un sourire.

- Les tee-shirts sont destinés à une **cible** (Zielgruppe) comme toi. Tu es totalement à notre image !

- Oui, j'aime bien la marque, c'est vrai !

- **Est-ce que ça te dit** (Hast du Lust) de travailler avec moi aujourd'hui ? Et tu seras payé pour ce travail, si Thierry est d'accord bien sûr ? demande-t-elle.

- Oui ! dit Gaëtan.

- Je suis d'accord aussi ! ajoute Thierry en souriant. Par contre, il faut que tu ailles à la **comptabilité** (Buchhaltung) pour signer ton… **contrat de travail** (Arbeitsvertrag) !

* **PDG** ist die Abkürzung für 'président-directeur général'. Der Posten ist vergleichbar mit dem eines Vorsitzenden der Geschäftsführung einer GmbH oder des Vorstandsvorsitzenden einer AG in Deutschland.

l'entreprise
Unternehmen
le collaborateur,
la collaboratrice
Mitarbeiter(in)
l'employé(e)
Angestellte(r)
l'ouvrier,
l'ouvrière
Arbeiter(in)
les acteurs
internes
interne Akteure
le/la stagiaire
Praktikant(in)
le/la
comptable
Buchhalter(in)
le/la secrétaire
Sekretär(in)
le/la
commercial(e)
Vertriebsmitarbeiter(in)
les
dirigeants
Führungskräfte
le/la PDG
(président
directeur général)
Geschäftsführer(in)
le/la
manager
Manager(in)
le/la cadre supérieur(e)
leitende(r) Angestellte(r)

autour de l'entreprise
rund ums Unternehmen

le réseau social
soziales Netzwerk

le contrat de travail
Arbeitsvertrag

la campagne de publicité
Werbekampagne

le carnet de commandes
Auftragsbuch

l'image (f.) de marque
Image

la machine
Maschine

la clientèle
Kundschaft

la rentabilité
Wirtschaftlichkeit

l'endettement (m.)
Verschuldung

le dividende
Dividende

le bénéfice
Gewinn

le déficit
Defizit

le chiffre d'affaire
Umsatz

les secteurs économiques
Wirtschaftssektoren

l'artisanat (m.)
Handwerk

l'industrie (f.)
Industrie

la construction
Bau

le commerce
Handel

l'agriculture (f.)
Landwirtschaft

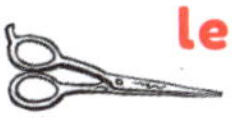

les services (m.)
Dienstleistungen

BILDNACHWEIS

14.3, 14.5, 14.6, 14.7, 38.7, 39.1 Shutterstock (GooseFrol), New York; **14.4,** 15.2, 38.5, 38.6, 71.3 Shutterstock (primiaou), New York; **14.1** Getty Images (kostenkodesign), München; **14.2** Getty Images (WINS86), München; **15.1,** 39.5, 94.1 Illus Camping: Shutterstock (balabolka), New York; **15.4,** 67.4, 79.2, 79.5, 95.2, 111.7, 126.2, 127.3, 127.4, 127.5 Getty Images (Dina Mariani), München; **15.5** Shutterstock (olllikeballoon), New York; **22.1,** 23.1, 39.2 Getty Images (veekicl), München; **22.2,** 22.3, 22.4, 23.4, 23.5, 31.6, 127.7, 127.8 Shutterstock (ArtAllAnd); **22.2** Getty Images (kyuree), München; **23.3,** 47.5, 62.7 Shutterstock (artnLera), New York; **30.1,** 30.3, 30.4, 31.3, 31.5, 31.6 Shutterstock (Fafarumba), New York; **31.2,** 70.1, 70.2, 71.2, 79.2, 111.2, 111.6 Shutterstock (topform), New York; **31.1** Shutterstock (Daniela Barreto), New York; **31.4** Kreise; S.36, Gecko; S.45, Pyramide; S.46, 47, Sonnen: Shutterstock (Weredragon), New York; **31.2,** 38.4, 79.3, 86.3, 94.4, 110.1, 111.1, 126.1, 126.3, 127.1, 127.2, Getty Images (fleaz), München; **38.1,** 55.6 GooseFrol; **38.3** Getty Images (FrankRamspott), München; **38.2,** 54.1, 54.6, 55.2, 55.5, 92.6 Shutterstock (Natasha Pankina), New York; **38.8** Shutterstock (Daniela Barreto), New York; **39.3,** 63.6, 71.5 Shutterstock (redchocolate), New York; **46.5** Shutterstock (Squirrel_illustration), New York; **46.6** Shutterstock (Victoria Sergeeva), New York; **46.1,** 46.3 Shutterstock (godfather744431), New York; **46.2,** 46.4, 47.1, 47.2, 47.3, 47.4 Getty Images (topform84), München; **54.2.4** S. 68: Shutterstock (Arya Falanesca), New York; **54.3** Shutterstock (Fafarumba), New York; **54.4** Bauernhof; S. 102 Traktor; S.105 Ente; S. 106 Pferd&Blumentopf; S.112 Gemüsekiste&Handschuhe; S. 113 Kartoffeln; S. 115 Hühner; S. 116 Mistgabel: Shutterstock (NikaYekimenko), New York; **54.5** Getty Images (MsMoloko), München; **55.1,** 71.4 Shutterstock (schiva), New York; **55.3** Shutterstock (Haryadi CH), New York; **55.4,** 62.6, 63.2, 102.2, 110.2, 111.4, 111.5 Getty Images (Paket), München; **62.5,** 63.4 Shutterstock (KateMacate), New York; **62.3,** 62.3 Shutterstock (GooseFrol), New York; **62.1** Getty Images (Natasha_Pankina), München; **63.3,** 63.8, 70.4 Shutterstock (Nikolaeva), New York; **63.7,** 87.1, 87.4, 87.5 Shutterstock (topform), New York; **63.1** Getty Images (FrankRamspott), München; **70.6,** 70.7 Shutterstock (AuraArt), New York; **78.1,** 95.5, 95.6, 95.7, 118.1, 118.2, 118.3, 118.4, 119.1, 119.2, 119.3, 119.4 Getty Images (topform84), München; **79.4,** 110.4, 110.6 Shutterstock (Ohn Mar), New York; **79.6** S.125: Shutterstock (Katakata), New York; **79.7,** S.112, S.113, S.114, S115 Schneeflocken; S.114 Geschenke; S.114 Tannenbaum; S.114, S.115, S. 117 Mistelzweig;: Shutterstock (Elena Kazanskaya), New York; **86.1** Getty Images (macrovector), München; **86.2,** 86.5 Shutterstock (Natasha Pankina), New York; **86.4** Shutterstock (Sasha_Ivv), New York; **87.3,** 111.3 Shutterstock (Fafarumba), New York; **93.2** Shutterstock (Tiwat K), New York; **94.2,** 95.1, 95.3 97 Geldbeutel geschlossen, S.107 Geldbeutel mit Scheinen raushängend, S.108 Münzen gestapelt, S.109 Bankkarten: Shutterstock (KateMacate), New York; **94.3** Shutterstock (Panda Vector), New York; **94.5** Shutterstock, New York; **94.6** Shutterstock (Natasha Pankina), New York; **102.1,** 103.4 Baum+Bank, S9. Zaun, S.11 Blumentopf, Gras: Shutterstock (primiaou), New York; **102.3,** 110.5 Shutterstock (Valeriya_Dor), New York; **103.1** Getty Images (Drekhann), München; **103.2** Herz; S. 155, Blätter; S. 161, Blume; S. 168, Katze;: Shutterstock (Katerina Kirilova), New York; **103.5** Shutterstock (Bodor Tivadar), New York; **127.10** Shutterstock (tokuze), New York; **127.6,** 127.9 Shutterstock (Farah Sadikhova), New York; **U1** Shutterstock (Valentin Valkov); 12 Shutterstock (mhatzapa), New York